Textbook
Museology Exhibition Theory
From a lecture at Silk Road International University of Tourism and Cultural Heritage

Hiroaki FURUSHO
古庄浩明

2025
Wasyuppan

Textbook

Museology Exhibition Theory

From a lecture at Silk Road International University of Tourism and Cultural Heritage

Hiroaki FURUSHO

古庄浩明

June 1, 2025

Wasyuppan

E-mail　wapubj@gmail.com

目 次
Table of contents
Оглавление

はじめに
Introduction
Вступление

1. 展示とは何か·· 1
What is an exhibition?
Что такое выставка?

2. 展示の歴史·· 9
History of the exhibition
История выставки

展示の始まりと現代的展示
The origins of the exhibition and contemporary exhibitions
Истоки выставки и современные выставки

体験·· 15
Experiences
Опыт

運営·· 16
Management
Управление

3. 博物館建築及び展示作成のプロセス······························· 19
The process of museum construction and exhibition creation
Процесс строительства музея и создания экспозиции

基本計画段階
Basic planning stage
Этап базового планирования

基本設計段階
Basic design stage
Базовая стадия проектирования

実施設計段階
Detailed design stage
Стадия детального проектирования

制作施工段階
Production and construction stage
Стадия производства и строительства

4. 展示に関係する人々 … 24
People involved in the exhibition
Люди, участвующие в выставке

設置者
Installer
Установщик

運営者
administrator
администратор

展示会社
Exhibition company
Выставочная компания

協力者
Collaborators
коллаборационист

一般市民
General public
общественность

5. 博物館の展示と建築 … 27
Museum exhibitions and architecture
Музейные выставки и архитектура

6. 展示における資料保存 … 29
Preservation of materials at exhibitions
Сохранение материалов на выставках

資料の保存
Preservation of materials
Сохранение материалов

7. 展示用設備の維持管理 … 33
Maintenance of exhibition equipment
Техническое обслуживание выставочного оборудования

8. 博物館の資金調達　　　　　　　　　　　　　　　35
Museum Funding
Финансирование музея

博物館展示のトータルライフサイクルマネージメント
Total life cycle management of museum exhibits
Полное управление жизненным циклом музейных экспонатов

費用の捻出方法
How to raise funds
Как собрать средства

9. 博物館展示の構成要素　　　　　　　　　　　　　41
Components of a Museum Exhibit
Составные части музейной экспозиции

展示資料　実物資料・標本・複製
Exhibits: Original materials, specimens, and replicas
Экспонаты: оригинальные материалы, образцы и копии.
Выставочный материал Реальный материал, образцы и репродукции

資料の固定具　　　　　　　　　　　　　　　　　44
Material Fixtures
Материальные приспособления

展示ケース　　　　　　　　　　　　　　　　　46
Display Case
Витрина

展示ケースの照明
Display case lighting
Освещение витрин

展示ケースの気密性
Airtightness of exhibition cases
Герметичность выставочных витрин

展示ケースの取り扱い性
Handling characteristics of the exhibition case.
Особенности обращения с выставочным кейсом.

音響　　　　　　　　　　　　　　　　　　　　56
Acoustics

Акустика

音の特性
Characteristics of sound
Характеристики звука

展示空間における音の役割
The role of sound in an exhibition space
Роль звука в выставочном пространстве

展示空間の音
Sound in an exhibition space
Звук в выставочном пространстве

ジオラマ・パノラマ・人形･････････････････････････････････････ 60
Diorama, Panorama, Dolls
Диорама, Панорама, Куклы

ジオラマ
Diorama
Диорама

パノラマ
Panorama
Панорама

人形
Dolls
Куклы

10. 複合演出･･ 65
combined effect
комбинированный эффект

空間軸を演出する
Produce a spatial axis
Создайте пространственную ось

時間軸の演出する
Producing a time line
Создание временной линии

11. 展示映像･･ 67
Exhibition footage

Выставочные кадры

役割
Role
Роль

12. 実験装置 ･･･ **74**
Experimental Equipment
Экспериментальное оборудование

操作性とレスポンス
Operability and responsiveness
Удобство использования и отзывчивость

体感性
Physical sensation
Физическое ощущение

美しくて大きい
Beautiful and large
Красивый и большой

コミュニケーションと共同作業
Communication and collaboration
Общение и сотрудничество

13. 実演とトーク ･･ **79**
Demonstrations and talks
Демонстрации и беседы

専用空間での解説
Explanations in a dedicated space
Объяснения в специальном пространстве

一般展示空間での解説
Explanations in the general exhibition space
Объяснения в общем выставочном пространстве

14. インタラクティブ展示 ･･････････････････････････････････ **83**
Interactive exhibits
Интерактивные экспонаты

15. ハンズオン展示 ･･･････････････････････････････････････ **85**
Hands-on exhibits

Экспонаты, которые можно трогать руками

16. 展示グラフィック·································· **89**
Exhibition graphics
Выставочная графика

展示資料としてのグラフィック
Graphics as exhibition materials
Графика как выставочные материалы

解説におけるグラフィック
Graphics in explanation
Графика в объяснении

17. 解説文··· **92**
Explanatory text
Пояснительный текст

18. サインシステム··································· **95**
Signage system
Система указателей

ピクトグラム
Pictograms
Пиктограммы

19. ワークシート····································· **98**
Worksheets
Рабочие листы

20. ユニバーサルデザイン····························· **101**
Universal Design
Универсальный дизайн

21. 博物館における情報機器··························· **106**
Information devices in museums
Информационные устройства в музеях

展示室内の情報機器
Information equipment in exhibition rooms
Информационное оборудование в выставочных залах

情報KIOSK端末
Information KIOSK terminals

Информационные терминалы KIOSK

PDA（携帯情報端末）
PDA（Personal Digital Assistant）
КПК (персональный цифровой помощник)

携帯型ゲーム機
Portable Game Consoles
Портативные игровые консоли

携帯型音楽プレーヤー
Portable music players
Портативные музыкальные плееры

スマートフォン
Smartphones
Смартфоны

無線LAN
Wireless LAN
Беспроводная локальная сеть

大型映像
Large-scale video
Видео большого масштаба

ミクストリアリティ技術
Mixed reality technology
Технология смешанной реальности

22. インターネットを使った博物館外向けのサービス･･･････････････ 111
Internet-based services for people outside the museum
Интернет-услуги для людей за пределами музея

デジタルアーカイブ
Digital archives
Цифровые архивы

情報KIOSK端末
Information KIOSK terminal
Терминал Information KIOSK

メタバース内のバーチャルミュージアム
Virtual museums in the metaverse

展示の評価 · 114
Exhibition evaluation
Оценка выставки

展示評価の類型
Types of exhibit evaluation
Типы оценки экспонатов

展示評価の観点
Points of view for exhibit evaluation
Точки зрения оценки выставки

調査の方法
Survey methods
Методы опроса

おわりに
Conclusion
Заключение.

はじめに
Introduction
Вступление.

　本書はシルクロードユニバーシティオブツーリズムアンドカルチュラルヘリテッジの講義のための教科書として作成しました。

　博物館の展示は利用者が博物館施設で最もおおく利用する場所です。そして、博物館が利用者に博物館のメッセージをつたえる場所でもあります。いわば、展示は博物館の顔であり、博物館の自己紹介の場・博物館の考えを伝える場なのです。それだけに、博物館の展示は博物館にとって重要な場所である事は言うまでもありません。

　また、近年の博物館は、ただ単に展示をご覧頂くための施設ではなく、利用者とともに作りあげていく博物館となろうとしています。したがって、博物館の展示も説示的なものから、利用者参加型のものへ、さらに社会問題や環境問題などを利用者と一緒に考えて、解決方法を導き出そうとする博物館活動と、それに伴う展示へと変化しつつあります。

　さらに、近年のコンピューターやスマートフォン、インターネットの進歩により、展示自体もデジタル化、インタラクティブ化、ユニバーサルデザイン化してきています。また、博物館の展示も博物館という建物からも抜け出して、あちらこちらへと移動したり、バーチャルの世界に飛び立っています。

　博物館はいわばサービス業です。その博物館の展示が博物館の顔であり、利用者との最も大きな架け橋である以上、博物館で働く職員にとって展示は利用者に最大限サービスをさせて頂く場所でなければなりません。

本書は、日本展示学会編 2022『展示論－博物館の展示をつくる－』雄山閣を参考にして作成しました。

　This book was created as a textbook for lectures at the Silk Road University of Tourism and Cultural Heritage.

　Museum exhibits are the most frequently used part of museum facilities. They are also the place where museums communicate their message to visitors. In other words, exhibits are the face of the museum, a place for the museum to introduce itself and convey its ideas. It goes without saying that museum exhibits are an important part of the museum.

　In addition, museums in recent years are no longer simply facilities for visitors to view exhibits, but are trying to become museums that are created together with visitors. Therefore, museum exhibits are changing from explanatory to user-participatory, and even to museum activities that consider social and environmental issues together with visitors and try to find solutions, and the exhibits that accompany them.

Furthermore, with the recent advances in computers, smartphones, and the Internet, the exhibits themselves are becoming digitalized, interactive, and universally designed. Museum exhibits are also moving out of the museum building, moving here and there, and flying into the virtual world.

Museums are, so to speak, a service industry. The museum's exhibits are the face of the museum and the biggest bridge between the museum and its visitors, so for museum staff, the exhibits must be a place where they can provide the best possible service to visitors.

This book was created with reference to "Exhibition Theory: Creating Museum Exhibitions" (2022) published by Yusankaku, edited by the Japan Society for Exhibition Studies.

Данное издание подготовлено в качестве учебника для лекций в Университете туризма и культурного наследия « Шелковый путь ».

Музейные выставки - это наиболее часто используемые посетителями помещения музея. Они также являются местом, где музей доносит свою идею до посетителей. В каком-то смысле выставка - это лицо музея, место, где музей представляет себя и доносит свои идеи. Поэтому само собой разумеется, что музейные выставки - это важная часть музея.

В последние годы музеи стараются стать не просто учреждением, где посетители могут увидеть экспонаты, а музеем, который создается вместе с его пользователями. Соответственно, музейные выставки переходят от инструкций к участию пользователей, а музейная деятельность и сопровождающие ее экспонаты меняются, чтобы вместе с пользователями думать о социальных и экологических проблемах и находить решения этих проблем.

Более того, благодаря последним достижениям в области компьютеров, смартфонов и интернета, сами выставки также становятся цифровыми, интерактивными и универсальными. Музейные экспонаты также выходят за пределы здания музея, переезжают с места на место и уходят в виртуальный мир.

Музеи, так сказать, работают в сфере услуг. Поскольку музейная экспозиция - это лицо музея и самый большой мост между музеем и его посетителями, выставка должна быть местом, где сотрудники музея могут предоставить посетителям наилучший сервис.

Эта книга была создана на основе книги « Теория выставок: создание музейных выставок » (2022), опубликованной издательством Yusankaku под редакцией Японского общества исследований выставок.

参考文献

日本展示学会 2022『展示論：博物館の展示をつくる』雄山閣　ISBN-13 978-4639021490

Hiroaki FURUSHO 2024 "Lecture note: Museology overview" wasyuppan ISBN-13　979-8879977356

1. 展示とは何か
What is an exhibition?
Что такое выставка?

博物館の来館者が最も眼にし、身近に感じる博物館の機能が展示である。したがって、展示は博物館と来館者を結ぶ最も重要な機能である。いわば展示は博物館の顔と言うことができる。

The function of a museum that museum visitors see most and feel closest to is the exhibition. Therefore, the exhibition is the most important function that connects the museum with its visitors. In a sense, the exhibition can be said to be the face of the museum.

Функция музея, которую посетители музея видят больше всего и которую чувствуют ближе всего, — это выставка. Поэтому выставка — это самая важная функция, которая связывает музей с его посетителями. В некотором смысле выставку можно назвать лицом музея.

来館者が展示を観覧し、経験する場所が展示空間と呼ぶ。展示空間は展示室が主な施設であるが、それだけではなく、屋外展示など様々な場所が展示空間となる(fig.1-1)。

The place where visitors can view and experience the exhibits is called the exhibition space. The main exhibition space is the exhibition room, but it can also be various other locations such as outdoor exhibits.

Место, где посетители могут осмотреть и оценить экспонаты, называется выставочным пространством. Основное выставочное пространство — это выставочный зал, но это могут быть и другие различные места, например, уличные экспозиции.

家に花を飾る事も一種の展示といえる。花を飾ることによっ

fig.1-1 Hakone open air museum

fig.1-2 Floral display, Cormore old forge

て人々の心を豊かにし、居心地の良さやおもてなしの気持ち、喜びの気持ちをあたえる（fig.1-2）。

Decorating one's home with flowers can also be considered a kind of display. Decorating one's home with flowers enriches people's hearts, gives them a sense of comfort, hospitality, and joy.

Украшение дома цветами также можно считать своего рода демонстрацией. Украшение дома цветами обогащает сердца людей, дает им чувство комфорта, гостеприимства и радости.

動物にとって安全な場所は一番大切な場所であり、体と心が安らぐ場所である。人間も同じであり、機能的な安全性のみならず、精神的な安全安心をもたらす手段の一つとして、花を飾ると言う手法が用いられている（fig.1-3）。

fig1-3 お花

For animals, a safe place is the most important place, a place where their body and mind are at peace. The same is true for humans, and the technique of decorating with flowers is used as a way to bring not only functional safety but also mental safety and security.

Для животных самое важное место — это безопасное место, место, где их тело и разум находятся в покое. То же самое относится и к людям, и техника украшения цветами используется как способ обеспечить не только функциональную безопасность, но и ментальную безопасность и защищенность.

花が絵画や彫刻という芸術作品などに置き変わっても良い。このような展示を家庭の展示と呼ぶことができる(fig.1-4)。

Flowers may be replaced by artworks such as paintings and sculptures. Such an exhibition can be called a home exhibition.

Цветы могут быть заменены произведениями искусства, такими как картины и скульптуры. Такую выставку можно назвать домашней выставкой.

一方、人間の「見たい、知りたい、経験したい」という知的

fig.1-4 Tenryu-ji Kyoto

欲求はその生存戦略に発しており、押しとどめることは不可能である。したがって博物館はこれらの欲求に応える一つの教育機関である。展示は博物館のもつ教育機能の一つをになう重要な教育手段でもある。

On the other hand, human intellectual desires to "see, know, and experience" stem from our survival strategies and cannot be suppressed. Therefore, museums are educational institutions that respond to these desires. Exhibitions are also an important educational tool that fulfills one of the educational functions of museums.

С другой стороны, интеллектуальные желания человека « видеть, знать и испытывать » вытекают из наших стратегий выживания и не могут быть подавлены. Поэтому музеи являются образовательными учреждениями, которые отвечают этим желаниям. Выставки также являются важным образовательным инструментом, который выполняет одну из образовательных функций музеев.

fig.1-5 Mona-lisa in the Louvre

大英博物館やルーブル美術館、東京国立博物館などの国を代表するような博物館に展示されている国宝と呼ばれる貴重な資料は、例えば、モナリザのように、その一点一点が展示ケースに収められ、人々が観覧できるようにされている。これを陳列型展示と呼ぶことができる(fig.1-5)。

Valuable national treasures on display in museums representing the country, such as the British Museum, the Louvre, and the Tokyo National Museum, are each placed in a display case, like the Mona Lisa, and are available for public viewing. This is called a display type exhibition.

Ценные национальные сокровища, выставленные в музеях, представляющих страну, таких как Британский музей, Лувр и Токийский национальный музей, помещены в витрину, как Мона Лиза, и доступны для публичного просмотра. Это называется выставкой выставочного типа.

fig.1-6 Ogaki city History and Folk Museum

これに対して、民具など、ある地域に密着した日常的な資料は、その一点一点にも資料としての価値がある。しかしながら、学芸員が来館者に知ってもらいたいのは、その資料一点一点だけではなく、資料の総体が生まれたバックボーンであり、いわゆる地域の「文化」である。これらの資料の展示は場面構成型展示と呼ばれる(fig.1-6)。

In contrast, everyday materials closely related to a region, such as folk tools, each have value as a document. However, what the curators want visitors to know is not just each individual item, but the backbone from which the entire collection of materials was born, the so-called "culture" of the region. The display of these materials is called a scene-based display.

Напротив, повседневные материалы, тесно связанные с регионом, такие как народные орудия, каждый из них имеет ценность как документ. Однако кураторы хотят, чтобы посетители знали не просто каждый отдельный предмет, а основу, из которой родилась вся коллекция материалов, так называемую « культуру » региона. Экспозиция этих материалов называется экспозицией на основе сцен.

実際には、博物館が扱う資料は多種多様であるため、様々な展示方法があるが、基本的には陳列展示と場面構成展示の組み合わせから成り立っている。

In reality, museums handle a wide variety of materials, so there are many different display methods, but basically, they consist of a combination of display and scene composition displays.

На самом деле музеи имеют дело с самыми разными материалами, поэтому существует множество различных методов экспонирования, но в основном они представляют собой комбинацию экспозиций и экспозиций с использованием сценической композиции.

現代では、展示技術の進化などもあり、体験型展示として来館者自らが資料作成などに参加する参加型展示や、展示の中に入り込む没入型展示、課題を提示する課題提示型展示、さらに課題の解決法を探す課題解決型展示などがある。これらも同様に、陳列型展示と場面構成型展示の組み合わせの中にあると言える。

Nowadays, with the evolution of exhibition technology, there are participatory exhibitions where visitors themselves participate in creating materials, immersive exhibitions where visitors enter the exhibit, problem-presenting exhibitions that present problems, and problem-solving exhibitions where visitors search for solutions to problems. These can also be said to be a combination of display-type exhibitions and scene-composing exhibitions.

В настоящее время, с развитием выставочных технологий, существуют выставки

fig.1-6 Children are experienced Jedi Knight

с участием, где посетители сами участвуют в создании материалов, иммерсивные выставки, где посетители входят в экспозицию, выставки, представляющие проблемы, которые представляют проблемы, и выставки, решающие проблемы, где посетители ищут решения проблем. Их также можно назвать комбинацией выставок типа отображения и выставок, сочиняющих сцены.

展示は主に博物館の学芸員によって発案され計画される。学芸員は展示によって来館者に一定のメッセージを伝えようとしている。来館者は展示を作成した学芸員のメッセージを正しく受け取るか、間違って受け取るか、来館者によって違う。来館者がメッセージを全く受け取らない場合もある。展示は学芸員と来館者とのコミュニケーション手段の一つと言って良い。

Exhibits are primarily conceived and planned by museum curators. Curators try to convey a certain message to visitors through the exhibit. Visitors may receive the message of the curator who created the exhibit correctly or incorrectly, depending on the visitor. In some cases, visitors may not receive the message at all. Exhibits can be considered one of the means of communication between curators and visitors.

Экспозиции в первую очередь задуманы и спланированы кураторами музея. Кураторы пытаются донести до посетителей определенное сообщение через экспозицию. Посетители могут получить сообщение куратора, создавшего экспозицию, правильно или неправильно, в зависимости от посетителя. В некоторых случаях посетители могут вообще не получить сообщение. Экспозиции можно считать одним из средств общения между кураторами и посетителями.

展示の発するメッセージは現代社会が直面している課題や社会変化、大きな出来事、興味や知的欲求、娯楽など、観覧者の意識に訴えるものである。したがって博物館の展示は確固とした理念と方針に基づいて行われる。

The messages conveyed by the exhibitions appeal to the consciousness of the visitors, such as issues facing modern society, social changes, major events, interests, intellectual desires, entertainment, etc. Therefore, the museum's exhibitions are based on firm principles and policies.

Послания, передаваемые экспозициями, обращаются к сознанию посетителей, например, к проблемам, с которыми сталкивается современное общество, социальным изменениям, крупным событиям, интересам, интеллектуальным стремлениям, развлечениям и т. д. Поэтому экспозиции музея основаны на четких принципах и политике.

近年ではメッセージを従来の一方的な発信から、利用者のメ

fig.1-7 Interactive Exhibition "Bulgaria is...

ッセージとの双方向的な交流を目的とする発信が行われるようになった。
これらの双方向型展示は先に記した体験型展示は双方向型展示の一種である(fig.1-7)。
In recent years, messages have shifted from the traditional one-way transmission of messages to one that aims for two-way communication with users' messages.
В последние годы произошел переход от традиционной односторонней передачи сообщений к двусторонней коммуникации с пользователями.
These two-way communication exhibits are a type of interactive exhibit, similar to the experiential exhibits mentioned above.
Эти двухсторонние коммуникационные экспонаты представляют собой тип интерактивных экспонатов, аналогичных упомянутым выше экспериментальным экспонатам.
このような双方向型展示の導入によって博物館のメッセージと利用者のメッセージを交流させ、博物館展示の社会性を回復し、博物館を利用者に開放し、ボランティア活動やサポーター活動とともに博物館と市民との関係を確固たるものにしようとしている。
By introducing these types of interactive exhibits, the museum hopes to exchange messages between the museum and its visitors, restore the social nature of museum exhibits, open the museum to visitors, and, together with volunteer and supporter activities, strengthen the relationship between the museum and its citizens.
Внедряя подобные интерактивные экспозиции, музей надеется на обмен сообщениями между музеем и его посетителями, восстановить социальный характер музейных экспозиций, открыть музей для посетителей и, совместно с волонтерской и спонсорской деятельностью, укрепить отношения между.

　老若男女、異国の人、ハンディーキャップの有無など、博物館の利用者は多様性を増している。以前の博物館展示ではターゲット層を絞り込んで行うことが推奨されていたが、近年では技術の進化やディバイスなどの進化により、一つの展示に対して各ターゲットに合わせたコンテンツを用意することができるようになった。
　Museum visitors are becoming more diverse, including people of all ages, both men and women, people from other countries, people with disabilities, etc. In the past, museum exhibitions were recommended to be held for a specific target audience, but in recent years, advances in technology and devices have made it possible to prepare content for each target audience for a single exhibition.
　Посетители музеев становятся все более разнообразными, включая людей всех возрастов, как мужчин, так и женщин, людей из других стран, людей с ограниченными возможностями и т. д. Раньше музейные выставки рекомендовалось проводить для определенной целевой аудитории, но в последние годы достижения в области технологий и устройств позволили подготовить контент для каждой целевой аудитории для одной выставки.
博物館には、展示のもつメッセージを多様な方法で多様な人々に伝え、博物館と利用者、利用者同士の交流を促し、社会への貢献を促進することが求められている。

Museums are expected to communicate the messages of their exhibits to a diverse range of people in a variety of ways, to encourage interaction between museums and users, and among users themselves, and to promote contributions to society.

Ожидается, что музеи будут доносить идеи своих экспонатов до широкого круга людей различными способами, поощрять взаимодействие между музеями и пользователями, а также между самими пользователями, а также содействовать вкладу в развитие общества.

展示が単なる資料の並びと観覧ではなく、「意味」をもつことを明確に意識しされたのは、1920年代後半であろう。二つの大戦の間の時期で、国際情勢が緊迫するなか、各国は国民に対する国策宣伝を行わなくてはならなかった。そのために展覧会が開催された (fig.1-8)。

fig.1-8 Uncle Sam

It was in the late 1920s that people started to clearly understand that exhibitions were not just a display of materials to be viewed, but had "meaning." In the period between the two world wars, when the international situation was tense, each country had to carry out national propaganda to its citizens. For that purpose, exhibitions were held.

Именно в конце 1920-х годов люди начали ясно понимать, что выставки — это не просто экспозиция материалов для обозрения, а имеют « смысл ». В период между двумя мировыми войнами, когда международная обстановка была напряженной, каждая страна должна была вести национальную пропаганду среди своих граждан. Для этого и проводились выставки.

オーストリア出身のデザイナー、ハーバート・バイヤーは1961年の"aspect of design of exhibition and museum"で、「初期の博覧会・展覧会の会場は－中略－美しくあればそれでよしとされた。しかし、今日では主題そのものが『納得いくかたちで』前にでていなければ誤った解釈とされるだろう。」と述べ、1928年のエル・リシッキーによる「ケルン国際報道展」を「革命的な転回点」としている。

In his 1961 article "Aspects of Design of Exhibition and Museum," Austrian designer Herbert Bayer wrote, "In the early days of expositions and exhibitions...it was sufficient if they were beautiful. Today, however, if the subject itself is not convincingly brought forward, it would be considered a misinterpretation." He cited El Lisicky's 1928 "International Press Exhibition in Cologne" as "a revolutionary turning point."

В своей статье 1961 года « Аспекты дизайна выставок и музеев » австрийский дизайнер Герберт Байер писал: « В ранние дни экспозиций и выставок... было достаточно, если они были красивыми. Однако сегодня, если сама тема не представлена убедительно, это будет считаться неверной интерпретацией ». Он назвал « Международную выставку прессы в Кельне » Эль Лисицки 1928 года « революционным поворотным моментом ».

日本では、デザイナーの山名文夫が「展示ということは、ただの物をならべるということではありません。中略　見せたいものを、第一に見ることができるようにし、第二に、見てよく理解出来るようにし、中略　見た人の精神、思想を動かし、知識を昂めるということでなければならないと思います」と述べている。

In Japan, designer Yamana Fumio has said, "An exhibition is not just a matter of lining up things.... First and foremost, what you want to show should be able to be seen, and secondly, it should be able to be seen and fully understood.... I believe it should move the mind and thoughts of the viewer and increase their knowledge."

В Японии дизайнер Ямана Фумио сказал: « Выставка — это не просто выстраивание вещей в ряд... Во-первых, то, что вы хотите показать, должно быть видно, а во-вторых, это должно быть видно и полностью понятно... Я считаю, что это должно трогать ум и мысли зрителя и расширять его познания ».

参考引用文献 References

端信行　2022「1-1　展示と博物館」『博物館の展示をつくる　展示論』日本展示学会
河合剛　2022「1-4　展示、その言葉の起源、意味の起源」『博物館の展示をつくる　展示論』日本展示学会
Bayer Herbert,1961, "aspect of design of exhibition and museum"Cohen,Authur A. "Herbert bayer:The Complate Work" MIT Press1984 所収
山名文夫 1944「展示技術の基礎的考慮」『博物館研究』第 17 巻第 3 号
Hiroaki FURUSHO, 2024, "Lecture note MuseologyOverview" wasyuppan AMAZON

fig.1-1 Hakone open air museum
https://commons.wikimedia.org/wiki/File:Hakone_open_air_museum_（10）.jpg?uselang=ja
fig.1-2 Floral display, Cormore old forge
https://commons.wikimedia.org/wiki/File:Floral_display,_Cormore_old_forge_-_geograph.org.uk_-_3074431.jpg?uselang=ja
fig1-3 お花
https://commons.wikimedia.org/wiki/File:%E3%81%8A%E8%8A%B1_-_panoramio.jpg?uselang=ja
fig.1-4 Tenryu-ji Kyoto
https://upload.wikimedia.org/wikipedia/commons/a/ae/Tenryuji_Kyoto29s5s4200.jpg
fig.1-5 Mona-lisa in the Louvre
https://commons.wikimedia.org/wiki/File:Mona-lisa_in_the_Louvre.jpg
fig.1-6 Ogaki city History and Folk Museum
https://upload.wikimedia.org/wikipedia/commons/b/bd/Ogaki_City_History_and_Folk_Museum_20201122_32.jpg
fig.1-6 Children are experienced Jedi Knight
https://upload.wikimedia.org/wikipedia/commons/6/65/%E6%89%80%E7%BE%85%E9%96%80%E8%BB%8A%E9%9A%8A%E5%B1%95%E7%A4%BA%E9%AB%94%E9%A9%97.jpg
fig.1-7 Interactive Exhibition "Bulgaria is...
https://commons.wikimedia.org/wiki/File:Interactive_Exhibition_%22Bulgaria_is...%22_（24759878937).jpg
fig.1-8 Uncle Sam
https://upload.wikimedia.org/wikipedia/commons/archive/5/59/20170611202757%21J._M._Flagg%2C_I_Want_You_for_U.S._Army_poster_%281917%29.jpg?uselang=ja

2. 展示の歴史
History of the exhibition
История выставки

展示の始まりと現代的展示
The origins of the exhibition and contemporary exhibitions
Истоки выставки и современные выставки

　近代的な展示のはじまりは、15世紀から17世紀の大航海時代の影響によって、西欧の王侯貴族がその邸内に設けた「驚異の部屋」や「珍品陳列室」にある。

Modern exhibitions have their origins in the "chambers of curiosities" and "rooms of curiosities" that Western European royalty and aristocrats set up in their residences during the Age of Discovery from the 15th to 17th centuries.

Современные выставки берут свое начало в « кунсткамерах » и « комнатах редкостей », которые западноевропейские королевские особы и аристократы создавали в своих резиденциях в эпоху Великих географических открытий с XV по XVII века.

　大航海時代をリードしたポルトガルやイタリアでは貴族は、水晶などの鉱物を始め自然界に存在する資料や、時計・羅針盤のような最新の機械製品、古代の美術品、異国情緒をまとった品など、ありとあらゆる物を雑多に飾り付けした「珍品陳列室」をつくり、互いに競い合っていた。

In Portugal and Italy, which led the Age of Discovery, aristocrats competed with each other by creating "rooms of curiosities" decorated with all sorts of things, including natural materials such as minerals like quartz, the latest mechanical products like clocks and compasses, ancient works of art, and items with an exotic atmosphere.

В Португалии и Италии, которые были лидерами эпохи Великих географических открытий, аристократы соревновались друг с другом, создавая « комнаты редкостей », украшенные всевозможными вещами, включая природные материалы, такие как кварц, новейшие механические изделия, такие как часы и компасы, древние произведения искусства и предметы с экзотической атмосферой.

　17世紀には王侯貴族は美術品を、学者や医者は標本を集めるようになり、コレクションの分化がはじまった。デンマークの医者で、コペンハーゲンの大学で教鞭をとったオーレ・ウォルムは『ウォルムのミュージアム』という収集資料に関するカタログを作った。その表紙にはあらゆる物が飾られた部屋が印刷されており、「驚異の部屋（ヴンダーカンマー）」の様子を示しており、彼が設立した博物館の様子がよくわかる (fig.2-1)。

In the 17th century, royalty and aristocrats began to collect art pieces, while scholars and doctors collected specimens, and collections began to differentiate. Ole Worm, a Danish doctor who taught at the University of Copenhagen, created a catalogue for his collection called "Worm's Museum."
The cover shows a room decorated with all sorts of objects, giving a good idea of what the

museum he founded was like, with a "Chamber of Curiosities (Wunderkammer)."

В XVII веке королевская семья и аристократы начали собирать произведения искусства, в то время как ученые и врачи собирали образцы, и коллекции начали различаться. Оле Ворм, датский врач, преподававший в Копенгагенском университете, создал каталог для своей коллекции под названием « Музей Ворма ». На

fig.2-1 Museum Wormiani Historia

обложке изображена комната, украшенная всевозможными предметами, что дает хорошее представление о том, как выглядел основанный им музей, с « комнатой редкостей (Wunderkammer)».

18世紀になると、植物分類で有名なリンネなどによって博物館学が確立し、収集物の分類が展示に反映されることになる。18世紀後半には世界初の近代博物館とされる、フランス王立植物園附属博物館資料館（後の自然史博物館）が設立された(fig.2-2)。

In the 18th century, museology was established by such authors as Linnaeus, who was famous for his plant classification, and the classification of collections began to be reflected in exhibitions. In the second half of the 18th century, the world's first modern museum, the Museum of Natural History of the Royal Botanical Gardens of France, was established.

В XVIII веке музеология была создана такими авторами, как Линней, который был известен своей классификацией растений, и классификация коллекций начала отражаться в выставках. Во второй половине XVIII века был основан первый в мире современный музей — Музей естественной истории Королевского ботанического сада Франции.

同じく18世紀後半に設立された大英博物館は、医師のハンス・スローンの収集品を彼の死後議会が買い上げ、1759年にモンタギュー・ハウスで一般公開したことにはじまる。これらのコレクションはすでにスローンによっ

fig.2-2 French National Museum of Natural History

て分類され、整理されていたといわれ、初期の展示もこの分類にしたがっていたらしい。また、すでにガラスケースによる展示が行われており、展示物に触れないで、視覚だけで鑑賞することもはじまっていた(fig.2-3)。

The British Museum, also founded in the late 18th century, began when Parliament purchased the collection of the physician Hans Sloane after his death and opened it to the public at Montagu House in 1759. It is said that these collections had already been classified and organized by Sloane, and the early exhibits also followed this classification. In addition, exhibits were already being displayed in glass cases, and it had begun to be possible to appreciate the exhibits visually without touching them.

fig.2-3 Mountague House

Британский музей, также основанный в конце XVIII века, начал свою историю, когда парламент приобрел коллекцию врача Ганса Слоана после его смерти и открыл ее для публики в Монтегю-хаусе в 1759 году. Говорят, что эти коллекции уже были классифицированы и организованы Слоаном, и ранние экспонаты также следовали этой классификации. Кроме того, экспонаты уже выставлялись в стеклянных витринах, и стало возможным оценить экспонаты визуально, не прикасаясь к ним.

19世紀には産業革命の進展を背景として、万国博覧会が開かれ、新たな博物館を誕生させることになる。1851年のロンドン万国博覧会の出品物をもとに産業工芸の博物館であるサウス・ケンジントン博物館がつくられた。このように、さまざまなテーマの博物館が造られ、博物館のテーマに合わせた展示の方法が行われた(fig.2-4)。

In the 19th century, against the backdrop of the progress of the Industrial Revolution, international exhibitions were held, giving birth to new museums. The South Kensington Museum, a museum of industrial arts and crafts, was established based on the exhibits from the Great Exhibition in London

fig.2-4 The Crystal Palace in Hyde Park for Grand International Exhibition

in 1851. In this way, museums with various themes were created, and exhibition methods were adopted that suited the museum's theme.

В XIX веке на фоне прогресса промышленной революции проводились международные выставки, давшие жизнь новым музеям. Музей Южного Кенсингтона, музей промышленного искусства и ремесел, был создан на основе экспонатов Большой выставки в Лондоне в 1851 году. Таким образом, создавались музеи с различной тематикой, и принимались методы экспонирования, соответствующие тематике музея.

　これらの展示は基本的には「博物館側が来館者に展示を見せる」という一方通行の展示であった。

These exhibits were basically one-way, with the museum showing the exhibits to visitors.

По сути, эти выставки были односторонними: музей демонстрировал их посетителям.

　現代の博物館展示は、全ての人に参加してもらう「開かれた博物館」という考え方のもとに、デジタル化、体験、運営に関して、それぞれ参加型の形態をとることが特徴である。

Contemporary museum exhibitions are characterized by their participatory format in terms of digitization, experience, and management, based on the idea of an "open museum" in which everyone can participate.

Современные музейные выставки характеризуются партиципаторным форматом с точки зрения оцифровки, опыта и управления, основанным на идее « открытого музея », в котором может участвовать каждый.

　日本では1969年から「開かれた大学」というキャッチフレーズがうたわれるようになり、それにあわせて「開かれた博物館」という考え方が広まることとなった。

In Japan, the catchphrase "open university" began to be used in 1969, and the idea of "open museums" began to spread accordingly.

В Японии крылатое выражение « открытый университет » стало использоваться в 1969 году, и соответственно начала распространяться идея « открытых музеев ».

それまでの「高尚で権威的な博物館」から「楽しい博物館」へと舵を切り、コミュニケーションの場としての博物館を目指すようになった。1980年代には「開かれた博物館」の基本構想が示されて博物館展示も双方向的、インタラクティブ化してきた (fig.2-5)。

Museums changed course from the "prestigious and authoritative" style

fig.2-5 Climatable being used at the University of Lapland

to "fun museums," aiming to become places for communication. In the 1980s, the basic concept of an "open museum" was presented, and museum exhibits became interactive and two-way.

Музеи сменили курс с «престижного и авторитетного» стиля на «веселые музеи», стремясь стать местами для общения. В 1980-х годах была представлена базовая концепция «открытого музея», а музейные экспонаты стали интерактивными и двусторонними.

日本では1978年に出版された梅棹忠夫の「メディアとしての博物館」から、博物館自体がメディアであるという意識がもたれ、テレビやラジオが電波を媒介としてメッセージを伝達しているように、展示にメッセージを媒介させている（梅棹忠夫1987）。

In Japan, the publication of Umesao Tadao's "The Museum as a Medium" in 1978 led to the awareness of museums themselves as media, and museums use exhibits to transmit messages, just as television and radio use radio waves as a medium for transmitting messages（Umesao Tadao 1987）.

В Японии публикация книги Умесао Тадао «Музей как средство массовой информации» в 1978 году привела к осознанию того, что музеи сами являются средствами массовой информации, а музеи используют экспонаты для передачи сообщений, так же как телевидение и радио используют радиоволны в качестве средства передачи сообщений (Умесао Тадао, 1987).

現在は来館者にメッセージを理解し消化してもらうためのナビゲーションが意識されている。さらに、博物館においてもメディア・リテラシーが意識されてきている。

Nowadays, museums are conscious of navigation to help visitors understand and digest the message. Furthermore, media literacy is also becoming an issue in museums.

В настоящее время музеи осознают необходимость навигации, чтобы помочь посетителям понять и усвоить сообщение. Кроме того, медиаграмотность также становится проблемой в музеях.

元来、博物館展示のメッセージは博物館から来館者への一方向で伝えられてきた。しかし現代ではメッセージの双方向性が意識され、博物館と来館者はお互いを補完して豊かな博物館活動を形成することを目指している。この双方向性を可能にしているのは、コミュニケーション・スタッフの充実、デジタル化、体験型・参加型展示教育活動、ボランティア、友の会などの充実にある。

Originally, the message of a museum exhibit was conveyed in one direction, from the museum to the visitor. However, in modern times, the two-way nature of messages has become more recognized, and museums and visitors aim to complement each other and create rich museum activities. This two-way nature is made possible by the enhancement of communication staff, digitalization, experiential and participatory exhibition educational activities, volunteers, and friends' associations.

Первоначально сообщение музейной экспозиции передавалось в одном направлении — от музея к посетителю. Однако в наше время двусторонняя природа сообщений стала более узнаваемой, и музеи и посетители стремятся дополнять друг друга и создавать насыщенные музейные мероприятия. Такая двусторо нняя природа стала возможной благодаря улучшению коммуникационного персонала, цифровизации, экспериментальным и интерактивным выставочным образовательным мероприятиям, волонтерам и ассоциациям друзей.

メディア・リテラシーの高まりと相まって博物館は「楽しむ施設」となってきている。立石治弘は「「楽しさ」という水が流れる（デジタル・体験・運営という）三つの川が肥沃なデルタ扇状地を形成、多彩な実りをもたらしている」と言っている（立石治弘 2022）。

Coupled with the rise in media literacy, museums are becoming "fun facilities." Haruhiro Tateishi says, "Three rivers (digital, experience, and management) flowing with the water of 'fun' form a fertile delta alluvial fan, bringing about a diverse harvest"（Haruhiro Tateishi 2022）.

В сочетании с повышением уровня медиаграмотности музеи быстро превращаются в «места для развлечений». Татеиси Харухиро утверждает: «Три реки (цифровая, опыт и управление), текущие с водой «удовольствия», сформируют плодородный дельтовый аллювиальный конус, приносящий разнообразные плоды» (Татеиси Харухиро 2022).

デジタル化は大きく進歩し続けている。情報検索だけではなく、体験装置、展示 CG、バーチャル・リアリティ、複合現実、これらを使ったメディア・アートなど、今後も新たな手法が開発・応用されて、リアル・バーチャルな来館者に「楽しみ」をあたえるだろう。このようにデジタル化も重要で大いに期待するところではあるが、最も重要なのは「本物の資料」を観覧してもらうことだと私は考える。本物の資料が発するメッセージは何よりも勝っており、それこそが博物館展示を楽しむ基本だと考えるからである(fig.2-6)。

Digitalization continues to make great strides. In addition to information search, new methods will continue to be developed and applied, such as experience devices, computer graphics for exhibitions, virtual reality, mixed reality, and media art that uses these, to provide "fun" to real and virtual visitors. Although digitalization is important and has high hopes for it, I believe that the most important thing is for visitors to view "genuine materials." The message that genuine materials convey is superior to anything else, and I believe that this is the basis for enjoying museum exhibits.

Цифровизация продолжает делать большие успехи. В дополнение к поиску информации, будут продолжать разрабатываться и примен

fig.2-6 Exploring the Universe in Virtual Reality

яться новые методы, такие как устройства для создания впечатлений, компьютерная графика для выставок, виртуальная реальность, смешанная реальность и медиа-искусство, использующее их, чтобы обеспечить « удовольствие » для реальных и виртуальных посетителей. Хотя цифровизация важна и на нее возлагаются большие надежды, я считаю, что самое главное для посетителей — это возможность увидеть « подлинные материалы ». Сообщение, которое передают подлинные материалы, превосходит все остальное, и я считаю, что это основа для наслаждения музейными экспонатами.

体験

Experiences

Опыт

　来館者による体験は視覚だけではなく、感覚を刺激して彼らの楽しみを倍増させる。それによって来館者はより鮮明に「楽しかった出来事」「印象的な出来事」として記憶に残り、学習効果を高めているばかりではなく、再度の来館やサポーターや友の会への参加の動機付けにもなっている。ただし、運営面、資料や体験者の安全確保面では負担が増えることになるが、その負担を負っても行うだけの教育効果を期待できる。

Visitors' experiences are not only visual, but also stimulate the senses, doubling their enjoyment. This allows visitors to remember the experience more clearly as a "fun event" or "memorable event," which not only improves learning outcomes but also motivates them to visit again and join the supporter or friend groups. However, this increases the burden on the management side and on ensuring the safety of materials and participants, but the educational benefits are worth the burden.

Впечатления посетителей не только визуальны, но и стимулируют чувства, удваивая их удовольствие. Это позволяет посетителям более четко запомнить опыт как « веселое событие » или « памятное событие », что не только улучшает результаты обучения, но и мотивирует их посетить снова и присоединиться к группам поддержки или друзей. Однако это увеличивает нагрузку на менеджмент и обеспечение безопасности материалов и участников, но образовательные преимущества стоят этого бремени.

　展示動線に沿った体験はあらかじめ決められたメニューに沿って決められた結果が得られるように体験参加者の行動を誘導する体験プログラムである。「動物の頭をなでる。恐竜の化石にふれる」など実物やレプリカ資料に触れる体験、模型を組み立てる体験など数多くのプログラムが用意されてい

fig.2-7 野外恐竜博物館での化石発掘体験

るが、安全の確保・資料への負担などのリスクを考慮しなければならない(fig.2-7)。また、バックヤードツアーや屋外活動のほか、移動博物館、学校への貸し出し用パックなどアウトリーチ活動とよばれる地域や学校との連携も行われている(fig.2-8)。

fig.2-8 Mobile Museum

The experiences along the exhibition flow are experiential programs that guide participants' actions to achieve a set result according to a pre-determined menu. There are many programs available, such as experiences where participants can touch real or replica materials, such as "patting an animal's head" or "touching a dinosaur fossil," or build a model, but safety and the risk of damaging the materials must be taken into consideration. In addition to backyard tours and outdoor activities, outreach activities such as mobile museums and rental packs for schools are also conducted in collaboration with local communities and schools.

Опыты по ходу выставки — это экспериментальные программы, которые направляют действия участников для достижения заданного результата в соответствии с заранее определенным меню. Существует множество программ, например, опыты, в которых участники могут прикоснуться к настоящим или имитирующим материалам, например, « погладить голову животного » или « прикоснуться к окаменелостям динозавра », или построить модель, но необходимо учитывать безопасность и риск повреждения материалов. Помимо экскурсий за кулисами и мероприятий на открытом воздухе, музей также сотрудничает с местными сообществами и школами в рамках так называемых выездных мероприятий, таких как создание передвижного музея и предоставление школам экспонатов.

運営
Management
Управление

「開かれた博物館」には人種の壁・性別の壁・ハンディキャップの壁・年齢の壁・社会格差の壁などの障壁(バリア)を取り除くことが求められる。この壁を取り除くためには、ノーマライゼイションに基づいたバリアフリーとして、ユニバーサルデザインの導入や施設面での変更、デジタル技術の導入、最新機器の導入、スタッフの充実などが図られなければならない(fig.2-9)。

An "open museum" requires the removal of barriers such as racial, gender, handicap, age, and social differences. To remove these barriers, it is necessary to introduce universal design, make changes to facilities, introduce digital technology, introduce the latest equipment, and improve staff, as a barrier-free approach based on normalization.

«Открытый музей» требует устранения таких барьеров, как расовые, гендерные, инвалидные, возрастные и социальные различия. Чтобы устранить эти барьеры, необходимо ввести универсальный дизайн, внести изменения в помещения, внедрить цифровые технологии, внедрить новейшее оборудование и улучшить персонал, как безбарьерный подход, основанный на нормализации.

fig.2-9 International Symbol of Access（pictogram）

また、双方向型・体験型の博物館では、メディア・リテラシーの観点からもコミュニケーションの充実が図らればならない。さらに、双方向型博物館の進化として、市民自体が博物館の性格や事業の決定に参加し、運営自体にも携わる博物館が出現している。

In addition, interactive and experiential museums must also enhance communication from the perspective of media literacy. Furthermore, as an evolution of interactive museums, museums have appeared in which citizens themselves participate in deciding the nature and operations of the museum and are even involved in its management.

Кроме того, интерактивные и экспериментальные музеи должны также улучшать коммуникацию с точки зрения медиаграмотности. Кроме того, как эволюция интерактивных музеев, появились музеи, в которых сами граждане участвуют в принятии решений о характере и деятельности музея и даже вовлечены в его управление.

参考引用文献 **References**

端信行　2022「1-6　近代博物館の誕生と展示」『博物館の展示をつくる　展示論』日本展示学会
立石治弘　2022「1-7　現代の博物館展示（新技術の登場）」『博物館の展示をつくる　展示論』日本展示学会
梅棹忠夫　1987『メディアとしての博物館』平凡社
Hiroaki FURUSHO, 2024, "Lecture note Museology Overview" wasyuppan AMAZON

fig.2-1 Museum Wormiani Historia
https://commons.wikimedia.org/wiki/File:Museum_Wormiani_Historia_1655_Wellcome_L0000128.jpg
fig.2-2 French National Museum of Natural History
https://en.wikipedia.org/w/index.php?title=National_Museum_of_Natural_History,_France&uselang=ja#/media/File:Paris_75005_Grande_Galerie_de_l'Evolution_20070804.jpg
fig.2-3 Mountague House
https://upload.wikimedia.org/wikipedia/commons/0/01/The_North_Prospect_of_Mountague_House_JamesSimonc1715.jpg
fig.2-4 The Crystal Palace in Hyde Park for Grand International Exhibition
https://commons.wikimedia.org/wiki/File:The_Crystal_Palace_in_Hyde_Park_for_Grand_International_Exhibition_of_1851.jpg
fig.2-5 Climatable being used at the University of Lapland
https://upload.wikimedia.org/wikipedia/commons/1/10/Climatable_being_used_at_the_University_of_Lapland%2C_Faculty_of_Art_and_Design_lobby_in_2010.jpg

fig.2-6 Exploring the Universe in Virtual Reality
https://commons.wikimedia.org/wiki/File:Exploring_the_Universe_in_Virtual_Reality.jpg
fig.2-7 野外恐竜博物館での化石発掘体験
https://commons.wikimedia.org/wiki/File:%E5%8C%96%E7%9F%B3%E7%99%BA%E6%8E%98%E4%BD%93%E9%A8%93.jpg
fig.2-8 Mobile Museum
https://upload.wikimedia.org/wikipedia/commons/thumb/e/ed/Mobile_museum_-_geograph.org.uk_-_6157778.jpg/2560px-Mobile_museum_-_geograph.org.uk_-_6157778.jpg
fig.2-9 International Symbol of Access（pictogram）
https://upload.wikimedia.org/wikipedia/commons/f/f2/MUTCD_D9-6.svg

3. 博物館建築及び展示作成のプロセス
The process of museum construction and exhibition creation
Процесс строительства музея и создания экспозиции

　博物館建築は構想段階（基本構想・基本計画）、設計段階（基本設計・実施設計）、製作施工段階の三段階で構成されている。

　Museum construction consists of three stages: the concept stage (basic concept and basic plan), the design stage (basic design and detailed design), and the construction stage.

　Строительство музея состоит из трех этапов: концептуальный этап (базовая концепция и базовый план), проектный этап (базовый проект и рабочий проект) и этап строительства.

基本計画段階
Basic planning stage
Этап базового планирования

　基本設計では施設の方向性、施設、展示、活動、運営のあり方などを策定する。
基本計画段階で展示の企画デザインが具体化してくる。

　The basic design involves formulating the facility's direction, facilities, exhibits, activities, and operation methods.
The exhibition design begins to take shape during the basic planning stage.

　Базовый проект включает в себя формулирование направления объекта, объектов, экспозиций, видов деятельности и методов эксплуатации.
Выставочный проект начинает формироваться на этапе базового планирования.

　まず、博物館の基本構想で明らかにされた博物館の目的を具体化するために、常設展、特別展、野外展示など必要な展示方法を明らかにする。

　First, in order to materialize the museum's objectives as clarified in the museum's basic concept, the necessary exhibition methods, such as permanent exhibitions, special exhibitions, and outdoor exhibitions, will be clarified.

Во-первых, для реализации целей музея, изложенных в его базовой концепции, будут уточнены необходимые методы экспонирования, такие как постоянные экспозиции, специальные выставки и выставки на открытом воздухе.

　常設展示ではその博物館のテーマを明確にし、総合展示、テーマ展示、コレクション展示、体験学習展示など、展示の種類と性格を定めていく。また、常設展示のゾーン分けを行い、各ゾーン毎の目的とその内容、中心となる資料や展示などを明らかにして、展示のラフレイアウトを作成する。

　For permanent exhibits, the museum's theme is clarified, and the type and nature of the exhibits are determined, such as general exhibits, thematic exhibits, collection exhibits, experiential learning exhibits, etc. In addition, the permanent exhibits are divided into zones, and the purpose and contents of each zone, as well as the main materials and exhibits, are clarified, and a rough layout of the exhibits is created.

Для постоянных экспозиций уточняется тематика музея, определяются тип и характер экспонатов, например, общие экспозиции, тематические экспозиции, коллекционные экспозиции, экспозиции экспериментального обучения и т. д. Кроме того, постоянные экспозиции делятся на зоны, уточняются назначение и содержание каждой зоны, а также основные материалы и экспонаты, и создается примерная схема размещения экспонатов.

企画展示はその頻度、規模を想定し、必要な展示環境のイメージを明らかにしておく。その後、建築設計との話し合いで具体化していくことになる。

For special exhibitions, the frequency and scale of the exhibitions will be estimated, and the image of the exhibition environment that will be required will be made clear. This will then be fleshed out in discussions with the architectural designer.

Для специальных выставок будут оценены частота и масштаб выставок, а также будет определен требуемый образ выставочной среды. Затем это будет конкретизировано в ходе обсуждений с архитектурным дизайнером.

基本設計の策定は、博物館建設の検討委員会、事務局、準備室などが行っていくことになるが、多くのノウハウをもつコンサルティング会社が支援する場合が多い。

The basic design will be formulated by the museum construction review committee, secretariat, preparation room, etc., and is often assisted by consulting companies with a wealth of know-how.

Базовый проект разрабатывается комитетом по рассмотрению строительства музея, секретариатом, подготовительным отделом и т. д., и часто в этом помогают консалтинговые компании, обладающие обширными знаниями и опытом.

基本設計段階

Basic design stage

Базовая стадия проектирования

設計の段階では、建築、展示、造園、情報システムなど各専門の会社に発注される。展示設計は学芸員と展示会社のプランナー、デザイナーとの話し合いで決定していく。

At the design stage, orders are placed with specialized companies in the fields of architecture, exhibitions, landscaping, information systems, etc. The exhibition design is finalized through discussions between the curator and the exhibition company's planners and designers.

На этапе проектирования заказы размещаются в специализированных компаниях в области архитектуры, выставок, ландшафтного дизайна, информационных систем и т. д. Окончательный вариант дизайна выставки формируется в ходе обсуждений между куратором и проектировщиками и дизайнерами выставочной компании.

基本計画に基づいて、展示の目的、展示テーマ、ターゲット、展示の性格など、展示の考え方を明らかにする。それに沿って全体の構成を検討して、各ゾーンの展示意図、展示内容などを検討する。これまでの作業を展示企画と呼ぶ。展示企画に沿って展示空間の具体てきレイアウトを行う事を展示デザインと呼ぶ。博物館の展示室の物理的条件をもとに

ゾーニング、導線を検討しながら、平面構成、立面構成を検討して完成のイメージを作る。このイメージに合う素材や色・形状などを検討してデザインコンセプトを決める。これらの展示プランは主役である展示資料と来館者にとって都合の良いものでなけらばなない。

Based on the basic plan, the exhibition concept is clarified, including the purpose, theme, target audience, and nature of the exhibition. Based on this, the overall structure is considered, and the exhibition intent and content of each zone are considered. The work up to this point is called exhibition planning. Creating a concrete layout for the exhibition space in line with the exhibition plan is called exhibition design. Zoning and traffic flow are considered based on the physical conditions of the museum's exhibition room, while the plan and elevation composition are considered to create an image of the finished product. The design concept is decided by considering materials, colors, shapes, etc. that suit this image. These exhibition plans must be convenient for both the exhibit materials (which are the main focus) and the visitors.

На основе базового плана проясняется концепция выставки, включая цель, тему, целевую аудиторию и характер выставки. На основе этого рассматривается общая структура, а также рассматриваются намерение и содержание выставки каждой зоны. Работа до этого момента называется планированием выставки. Создание конкретной компоновки выставочного пространства в соответствии с планом выставки называется дизайном выставки. Зонирование и поток движения рассматриваются на основе физических условий выставочного зала музея, в то время как план и композиция фасада рассматриваются для создания образа готового продукта. Концепция дизайна решается с учетом материалов, цветов, форм и т. д., которые подходят этому образу. Эти планы выставок должны быть удобными как для экспонатов (которые являются основным фокусом), так и для посетителей.

これらの展示設計は展示ストーリーの上に成り立っている。

These exhibition designs are based on an exhibition story.

Эти выставочные проекты основаны на повествовании о выставке.

美術館の展示は鑑賞型の展示であり、展示ストーリーとしてどの展示作品を選ぶかは学芸員が決定する。博物館の展示は学習型展示が中心であり、資料を使って意図的に伝えられる主題が重要となる。そのためにストーリー作りには資料に精通した学芸員だけではなく、空間構成や表現方法、メディアなどに精通した展示プランナー、展示デザイナーとの共同作業が必要となる。

Art museum exhibitions are appreciation-oriented exhibitions, and the curator decides which exhibits to choose as the exhibition story. Museum exhibitions are primarily educational, and it is important that themes are conveyed intentionally using materials. For this reason, creating a story requires collaboration not only with curators who are familiar with the materials, but also with exhibition planners and designers who are familiar with spatial composition, methods of expression, media, etc.

Художественные музейные выставки ориентированы на оценку, и куратор решает, какие экспонаты выбрать в качестве истории выставки. Музейные выставки в первую очередь образовательные, и важно, чтобы темы передавались наменренно с помощью материалов. По этой причине создание истории требует сотрудничества не только с кураторами, которые знакомы с материалами, но и с планировщиками и дизайнерами выставок, которые знакомы с пространственной композицией, методами выражения, медиа и т. д.

実施設計段階
Detailed design stage
Стадия детального проектирования

基本設計を基礎として詳細を図面化していく段階。展示の詳細図や部分拡大図、配電図、証明図、天井伏図を図面化する。学芸員が選定した資料を基に入れ物と入れ物内の展示設備を検討する。また、将来の展示の入れ替えも考慮する必要がある。

This is the stage where the details are drawn up based on the basic design. Detailed drawings of the exhibits, enlarged views of parts, electrical distribution diagrams, proof drawings, and ceiling plans are drawn up. The container and the exhibit equipment within the container are considered based on the materials selected by the curator. Future replacement of exhibits must also be considered.

Это этап, на котором детали разрабатываются на основе базового проекта. Составляются подробные чертежи экспонатов, увеличенные виды деталей, схемы электрораспределения, контрольные чертежи и планы потолка. Контейнер и выставочное оборудование внутри контейнера рассматриваются на основе материалов, выбранных куратором. Также необходимо учитывать будущую замену экспонатов.

博物館展示独自として、いわゆる「情報系展示」と呼ばれる展示がある。グラフィック、映像、IT、造形などがそれに当たる。情報系展示は博物館ならではの展示であり、学芸員だけではなく、関連の業者、デザイナー、ディレクターなどがコラボレーションして作成していく。

Unique to museum exhibitions are so-called "information-based exhibits." These include graphics, video, IT, and modeling. Information-based exhibits are unique to museums, and are created through collaboration between not only curators, but also related contractors, designers, directors, and others.

Уникальными для музейных выставок являются так называемые « информационные экспонаты ». К ним относятся графика, видео, ИТ и моделирование. Информационные экспонаты уникальны для музеев и создаются в результате сотрудничества не только кураторов, но и связанных с ними подрядчиков, дизайнеров, директоров и других.

グラフィックはストーリをつくり、画像データを専門業者に提供することになるが、特に注意しなければならないのは出典の明瞭かである。映像、IT、メディアでは、シナリオをまとめ機材の種類やスペックを考慮した装置図（システム図）を作る。模型やジオラマはレイアウト図や完成イメージ図を作る。場合によっては模型などを作る。

For graphics, a story is created and image data is provided to a specialist company, but particular attention must be paid to the clarity of the source. For video, IT, and media, a scenario is compiled and a system diagram is created that takes into account the type of equipment and specifications. For models and dioramas, a layout diagram and a completed image are created. In some cases, a model is also created.

Для графики создается история и данные изображения предоставляются специализированной компании, но особое внимание должно быть уделено ясности источника. Для видео, ИТ и медиа составляется сценарий и создается схема системы, учитывающая тип оборудования и технические характеристики. Для моделей и диорам создается схема компоновки и готовое изображение. В некоторых случаях создается также модель.

いずれの展示においても資料の出典や制作者を明らかにして、権利を明確にしておかなければならない。

In any exhibition, the source and creator of the materials must be identified and rights must be made clear.

На любой выставке необходимо указать источник и создателя материалов, а также четко обозначить права.

制作施工段階

Production and construction stage

Стадия производства и строительства

実施設計図にしたがって見積もりが作成され、日本では入札によって業者が決定する。展示についても、設計と建築は別の業者が行う事が多いが、情報系展示は、設計と製作を同じ会社が行う事が多い。制作中に設計変更が行われることもあり、柔軟な対応が必要である。

An estimate is prepared based on the detailed design drawings, and in Japan, a contractor is selected through a bidding process. For exhibitions, the design and construction are often done by different contractors, but for information-related exhibits, the design and production are often done by the same company. Design changes may occur during production, so flexible responses are required.

Смета составляется на основе детальных чертежей проекта, а в Японии подрядчик выбирается в ходе тендера. Для выставок проектирование и строительство часто выполняются разными подрядчиками, но для информационных экспонатов проектирование и производство часто выполняются одной и той же компанией. Изменения в проекте могут происходить в процессе производства, поэтому требуются гибкие ответы.

参考引用文献 References

若月憲夫　2022「2-2　企画から完成まで」『博物館の展示をつくる　展示論』日本展示学会
Hiroaki FURUSHO, 2024, "Lecture note Museology Overview" wasyuppan AMAZON

4. 展示に関係する人々
People involved in the exhibition
Люди, участвующие в выставке

設置者

Installer

Установщик

設置者は、国・自治体・企業など、資金を拠出する主体で、どのような目的、対象、内容、規模を最終的に決定する。

The installer is the entity that provides the funds, such as the national government, local government, or a company, and ultimately decides on the purpose, target, content, and scale of the project.

Учредителем является субъект, предоставляющий средства, например, национальное правительство, местное самоуправление или компания, и в конечном итоге принимающий решение о цели, задачах, содержании и масштабе проекта.

運営者

administrator

администратор

運営などは博物館が行い、学芸員は博物館活動について主体性に活動し、責任を担う。展示企画、展示構成、資料選定、解説文の作成など、企画、立案、設計、施工まで、展示の全てにおいて中心的な役割を果たす。展示完成後も、維持、管理、運営について主体的に関係する。

The museum is responsible for the operation of the museum, and the curator takes the initiative in museum activities and bears responsibility for them. They play a central role in all aspects of the exhibition, from planning, designing, and construction, including exhibition planning, exhibition composition, material selection, and writing of explanatory texts. Even after the exhibition is completed, they are actively involved in its maintenance, management, and operation.

Музей отвечает за работу музея, а куратор берет на себя инициативу в музейной деятельности и несет за нее ответственность. Они играют центральную роль во всех аспектах выставки, от планирования, проектирования и строительства, включая планирование выставки, композицию выставки, выбор материалов и написание пояснительных текстов. Даже после завершения выставки они активно участвуют в ее обслуживании, управлении и эксплуатации.

展示会社

Exhibition company

Выставочная компания

展示プランを実際に具体化するのは展示を作成する展示会社である。学芸員は展示意図

を効果的に展示会社に伝えなければならない。学芸員の展示意図に沿って、展示会社は、展示ストーリー・展示動線・展示手法と、空間や展示機器・デザイン・システムなどの設計、施工を担当する。展示会社は企画担当のプランナーと設計担当のデザイナーそれに製作担当者がいる。これらの人々の元で、模型・造形・グラフィックデザイン・映像・音響・電気設備・構造などが行われる。

It is the exhibition company that creates the exhibit that actually brings the exhibition plan to life. The curator must effectively communicate the intentions of the exhibition to the exhibition company. In line with the curator's intentions, the exhibition company is responsible for the exhibition story, exhibition flow, exhibition method, as well as the design and construction of the space, exhibition equipment, design, system, etc. The exhibition company has planners in charge of planning, designers in charge of design, and production staff. These people are responsible for models, modeling, graphic design, video, audio, electrical equipment, structure, etc.

Именно выставочная компания создает экспозицию, которая фактически воплощает в жизнь выставочный план. Куратор должен эффективно донести до выставочной компании намерения выставки. В соответствии с намерениями куратора выставочная компания несет ответственность за историю выставки, ход выставки, метод выставки, а также за дизайн и строительство пространства, выставочное оборудование, дизайн, систему и т. д. В выставочной компании есть планировщики, отвечающие за планирование, дизайнеры, отвечающие за дизайн, и производственный персонал. Эти люди отвечают за модели, моделирование, графический дизайн, видео, аудио, электрооборудование, структуру и т. д.

協力者

Collaborators

коллаборационист

　展示を作成する上では外部有識者の意見も重要である。そのため展示委員会を設置することもある。委員会は有識経験者、地域の教育関係者、NPO団体などで構成され、展示内容や展示方法等について討議・検討する。
このほか、標本・資料などを提供してもらう資料提供者や他の博物館との連帯も大切である。

When creating an exhibition, the opinions of external experts are also important. For this reason, an exhibition committee may be established. The committee is made up of experts, local educators, NPOs, etc., and discusses and considers the contents and display methods of the exhibition.
In addition, solidarity with material providers who provide specimens and materials, as well as other museums, is also important.

При создании выставки также важны мнения внешних экспертов. По этой причине может быть создан выставочный комитет. Комитет состоит из экспертов, местных педагогов, НКО и т. д., и обсуждает и рассматривает содержание и методы показа выставки.

Кроме того, важна солидарность с поставщиками материалов, которые предоставляют образцы и материалы, а также с другими музеями.

一般市民

General public

общественность

　現在は博物館のエンドユーザーとしてばかりでなく、博物館の重要な協力者、パブリックコメンテーター、サポーターとして一般市民には博物館の企画段階から参加してもらう。博物館への「市民参加」はその後の博物館活動にもつながる重要な手法であり、博物館の潮流である。

　The general public is now involved in museums from the planning stage, not only as end-users of the museum, but also as important collaborators, public commentators and supporters of the museum. 'Public participation' in museums is an important method and trend for subsequent museum activities.

　общественность вовлекается в работу музеев уже на стадии планирования, причем не только как конечные пользователи музея, но и как важные сотрудники, общественные комментаторы и сторонники музея. Участие общественности в работе музеев - важный метод и тенденция для последующей музейной деятельности.

参考引用文献 References
安斎聡子　2022「2-3　博物館に関わる人々」『博物館の展示をつくる　展示論』日本展示学会

5. 博物館の展示と建築
Museum exhibitions and architecture
Музейные выставки и архитектура

　学芸員は展示を企画し、展示資料や情報を来館者にわかりやすく伝えようとする。展示の流れは、ストーリーとして整理され、来館者が動線上で展示の意図の理解を深め、心地よい展示空間を作り出すようにしなければならない。

　建築設計は立地、法的条件、環境や風土から建築としてのストーリーを作る。さらに、建築の観点から利用者と管理者双方に考慮した動線計画をつくる。

　展示と建築の2方向からのデザインが同じ価値観を持って進められれば、感動的な展示と展示空間を来館者に提供できる。

Curators plan exhibitions and try to convey exhibition material and information to visitors in an easy-to-understand manner. The flow of the exhibition must be organised as a story, so that the visitor can gain a better understanding of the intention of the exhibition along the flow line and create a pleasant exhibition space.

The architectural design creates an architectural story from the location, legal conditions, environment and climate. Furthermore, from an architectural point of view, a flow line plan should be created that takes into account both the users and the management.

If design from the two directions of exhibition and architecture is promoted with the same values, inspiring exhibitions and exhibition spaces can be provided to visitors.

Кураторы планируют выставки и стараются донести выставочный материал и информацию до посетителей в легкой для восприятия форме. Поток выставки должен быть организован как история, чтобы посетитель мог лучше понять замысел выставки по линии потока и создать приятное выставочное пространство.

Архитектурный проект создает архитектурную историю на основе местоположения, правовых условий, окружающей среды и климата. Кроме того, с архитектурной точки зрения, необходимо создать план поточной линии, который учитывал бы как пользователей, так и управление.

Если дизайн двух направлений - выставочного и архитектурного - будет развиваться с учетом одних и тех же ценностей, посетителям можно будет предоставлять вдохновляющие выставки и выставочные пространства

　しかし、往々にして、展示と空間が融合していない場合がある。

　建築が展示や施設の機能より概観を優先させた場合、建築が展示に関心が無いまま建てられた建物、文化財保護や環境保護の観点から、歴史的古い建物を再活用し場合である。

　電源の取り回し、天井からの吊り下げ強度、避難誘導動線の確保や非常用設備、荷物搬入用の大型エレベーターなど、大型展示物の搬入ルートの確保など、建築と展示は両方がお互いに綿密なコミュニケーションをとりながら進められる必要がある。

Often, however, exhibition and space are not integrated.

This is the case when the architecture prioritises overview over exhibition and facility function, when the architecture was built without any interest in exhibition, or when old historic buildings are repurposed from the perspective of cultural heritage protection or environmental protection.

Architecture and exhibition need to be in close communication with each other in order to secure routes for large exhibits, such as power supply routing, strength of suspension from the ceiling, evacuation guidance lines and emergency equipment, and large lifts for carrying in luggage.

Однако часто выставка и пространство не интегрированы.

Это происходит в тех случаях, когда архитектура отдает приоритет обзору, а не экспозиции и функциональности объекта, когда архитектура была построена без какого-либо интереса к экспозиции или когда старые исторические здания перепрофилируются с точки зрения охраны культурного наследия или защиты окружающей среды.

Архитектура и экспозиция должны тесно взаимодействовать друг с другом, чтобы обеспечить маршруты для крупных экспонатов, такие как прокладка электросетей, прочность подвеса к потолку, линии эвакуации и аварийное оборудование, а также большие лифты для перевозки багажа.

参考引用文献 References
髙橋久弥　2022「2-4　展示と建築」『博物館の展示をつくる　展示論』日本展示学会

6. 展示における資料保存
Preservation of materials at exhibitions
Сохранение материалов на выставках

資料の保存

Preservation of materials

Сохранение материалов

展示には長期的な展示の常設展示と短期的な展示の特別展示、企画展示がある。とくに重要なのは資料の長期的な展示となる常設展である。

There are two types of exhibitions: permanent exhibitions, which are long-term exhibitions, and special and special exhibitions, which are short-term exhibitions. Of particular importance is the permanent exhibition, which is a long-term display of materials.

Существует два типа выставок: постоянные выставки, которые являются долгосрочными, и специальные и особые выставки, которые являются краткосрочными. Особое значение имеет постоянная выставка, которая представляет собой долгосрочную экспозицию материалов.

展示資料には、実物資料、模型、レプリカ、写真、解説パネル、情報機器、映像機器などがあるが、これらは全て劣化する。この劣化の進行をできるだけ食い止めることが必要である(fig.6-1)。

劣化の要因は光・熱・水・空気・生物・人・災害である。

これらの要因をコントロールすることが重要であり、博物館学資料論で詳しく学ぶことになる。

Exhibition materials include real materials, models, replicas, photographs, explanatory panels, information and visual equipment, all of which deteriorate. It is necessary to halt the progression of this deterioration as much as possible.

The factors that contribute to deterioration are light, heat, water, air, organisms, people and disasters.

It is important to control these factors, which will be studied in detail in Museology Materialism.

Выставочные материалы включают в себя подлинные материалы, модели, реплики, фотографии, пояснительные панели, информационное и визуальное оборудование, и все они портятся. Необходимо по возможности приостановить этот процесс.

fig.6-1 Russian crown jewel replica

Факторами, способствующими ухудшению состояния, являются свет, тепло, вода, воздух, организмы, люди и катастрофы.

Важно контролировать эти факторы, что будет подробно рассмотрено в разделе « Материализм музеологии ».

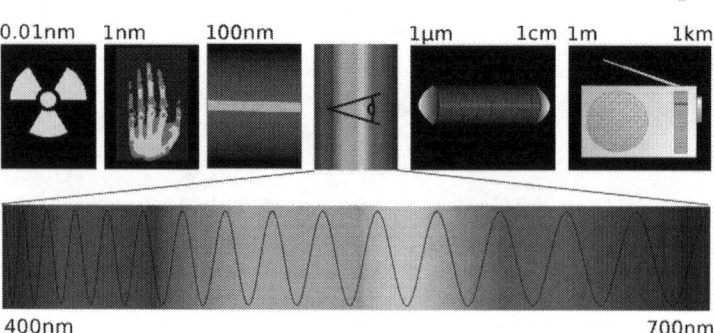

fig.6-2 Spectrum

展示に限って言えば、資料は光によって劣化が進むが光がなければ人は鑑賞することができない(fig.6-2)。資料に応じた適切な照度と照射時間を考慮して展示する必要がある。常設展といえども常に資料を入れ替えて資料の劣化を防ぎながら、来館者を飽きさせないほうほうも有効である。

As far as exhibitions are concerned, light deteriorates materials, but without light people cannot appreciate them. The appropriate illumination and exposure time for each material must be taken into account when exhibiting. Even for permanent exhibitions, it is also effective to constantly change the materials to prevent them from deteriorating and to keep visitors from becoming bored.

Что касается выставок, то свет портит материалы, но без света люди не могут их оценить. При проведении выставки необходимо учитывать подходящую освещенность и время экспозиции для каждого материала. Даже для постоянных выставок эффективно постоянно менять материалы, чтобы они не портились и не надоедали посетителям.

温度湿度も同様で、資料に応じたコントロールが必要である。生物被害はカビなどは温湿度の管理や適切な清掃によってある程度防ぐことができる。昆虫については防虫剤などを適切に使用したり、人による駆除など常に学芸員が気を配る必要がある。

The same applies to temperature and humidity, which should be controlled according to the material. Biological damage, such as mould, can be prevented to some extent by temperature and humidity control and appropriate cleaning. Insects require constant attention by the curator, such as the appropriate use of insect repellents or extermination by humans.

То же самое относится к температуре и влажности, которые должны регулироваться в зависимости от материала. Биологический ущерб, например плесень, можно в определенной степени предотвратить с помощью контроля температуры и влажности и соответствующей уборки. Насекомые требуют постоянного внимания со стороны хранителя, например, использования репеллентов или истребления насекомых людьми.

常に清掃を行い、資料に注意することは、資料の変化に気づいたり、埃による資料の劣化を防ぐだけでなく、演示具や支持具の不具合をいち早く見つけて調整するためにも重要である。また、来館者にとっても不快なイメージを与えないことにもつながる。

Constant cleaning and attention to materials is important not only for noticing changes in the materials and preventing them from deteriorating due to dust, but also for quickly identifying and adjusting faulty display and support equipment. It also helps to avoid unpleasant images for visitors.

Постоянная уборка и внимание к материалам важны не только для того, чтобы заметить изменения в материалах и предотвратить их порчу от пыли, но и для того, чтобы быстро выявить и отрегулировать неисправное демонстрационное и вспомогательное оборудование. Это также помогает избежать неприятных впечатлений у посетителей.

人による資料に対する影響は、故意にしろ過失にしろ重大な被害をもたらす。ケース内展示にしたり、資料と来館者の間に一定のハザードを設けたり、監視者を置くなどの措置が必要である。しかし、あまりにも厳しすぎる制限は来館者にとって不快なものとなる。

The impact of people on materials, whether deliberate or negligent, can cause serious damage. Measures such as in-case displays, certain hazards between the material and visitors, and the presence of monitors are necessary. However, too strict restrictions can be off-putting for visitors.

Воздействие людей на материалы, будь то преднамеренное или небрежное, может нанести серьезный ущерб. Необходимы такие меры, как демонстрация материалов в случае необходимости, создание определенных препятствий между материалом и посетителями, а также присутствие наблюдателей. Однако слишком строгие ограничения могут отпугнуть посетителей.

災害については大きな被害となるので、あらかじめできるだけの対策を講じておくことが重要である。地下に展示資料がある場合やもともと水害が発生する地域に立つ博物館は、水害による水没をあらかじめ考慮に入れて対応しなければならない。火災に対しては、消火施設の設置、避難態勢の整備などを行うとともに、火災を起こさないよう、日頃の点検とメンテナンスが重要となる(fig.6-3)。地震についてはその発生を誰も予期できないので、資料や展示ケースをしっかり固定したり、ケースや建物自体に耐震・免震構造を取り入れておくことが大切である(fig.6-4)。

As for disasters, it is important to take as many measures as possible in advance, as they can cause significant damage. Museums with underground exhibits or museums located in areas prone to flooding must take submersion due to flooding into account in advance. For fires, it is important to install fire extinguishing facilities and evacuation arrangements, as well as to carry out daily inspections and maintenance to prevent fires from occurring. As for earthquakes, no one can predict their occurrence, so it is important to secure materials and display cases, and to incorporate earthquake-resistant

fig.6-3 Fire at the National Museum of Brazil

and seismic-isolated structures in the cases and the building itself.

Что касается стихийных бедствий, то здесь важно заранее принять как можно больше мер, поскольку они могут нанести значительный ущерб. Музеи с подземными экспозициями или музеи, расположенные в районах, подверженных наводнениям, должны заранее предусмотреть возможность затопления в результате наводнения.

fig.6-4 building seismic base isolator

В случае пожаров важно установить средства пожаротушения и организовать эвакуацию, а также проводить ежедневные проверки и техническое обслуживание, чтобы предотвратить возникновение пожаров. Что касается землетрясений, то никто не может предсказать их возникновение, поэтому важно обеспечить сохранность материалов и витрин, а также предусмотреть сейсмостойкие и сейсмоизолированные конструкции в витринах и самом здании.

参考引用文献 References
宇野文夫　2022「2-5　展示と保存」『博物館の展示をつくる　展示論』日本展示学会
Hiroaki FURUSHO, 2024, "Lecture note Museology Overview" wasyuppan AMAZON

fig.6-1 Russian crown jewel replica
https://upload.wikimedia.org/wikipedia/commons/e/e7/Russian_Crown_Jewel_Replica.jpg?uselang=ja
fig.6-2 Spectrum
https://upload.wikimedia.org/wikipedia/commons/f/fc/Spectre.svg
fig.6-3　Fire at the National Museum of Brazil
https://upload.wikimedia.org/wikipedia/commons/b/b3/Fire_at_Museu_Nacional_05.jpg
fig.6-4 building seismic base isolator
https://commons.wikimedia.org/wiki/File:Pole_3_building_seismic_base_isolator.jpg

7. 展示用設備の維持管理
Maintenance of exhibition equipment
Техническое обслуживание выставочного оборудования

展示場に関係する設備としては次のようなものがある(fig.7-1)。

The facilities related to the exhibition hall include the following:

В состав выставочного зала входят следующие объекты:

fig.7-1 Electrical switchgear

空調設備：冷暖房設備・換気設備・湿度調整設備

Air conditioning equipment: heating and cooling equipment, ventilation equipment, humidity control equipment

Оборудование для кондиционирования воздуха: отопительное и охлаждающее оборудование, вентиляционное оборудование, оборудование для контроля влажности

照明設備：照明・調光装置

Lighting equipment: lighting and dimmer

Осветительное оборудование: освещение и диммер

電気設備：情報通信・受電・変電・電源・非常用電源

Electrical equipment: Information and communications, power receiving, transformers, power sources, emergency power sources

Электрооборудование: Информация и связь, прием электроэнергии, трансформаторы, источники питания, аварийные источники питания

防災・防犯：防犯設備・火災探知機・消火設備・監視カメラ・警備施設・放送設備

Disaster prevention and crime prevention: security equipment, fire detectors, fire extinguishing equipment, surveillance cameras, security facilities, broadcasting equipment

Предотвращение стихийных бедствий и предотвращение преступности: охранное оборудование, пожарные извещатели, средства пожаротушения, камеры наблюдения, средства безопасности, вещательное оборудование

その他：情報機器・映像機器・エレベーター・エスカレーター・ロッカー・ドア・廊下・トイレ・授乳室・休憩施設・バリアフリー対策など

Other: Information equipment, video equipment, elevators, escalators, lockers, doors, corridors, toilets, nursing rooms, rest facilities, barrier-free measures, etc.

Другое: Информационное оборудование, видеооборудование, лифты, эскалаторы, шкафчики, двери, коридоры, туалеты, комнаты для кормления грудью, помещения для отдыха, безбарьерные меры и т. д.

多くの施設・設備が展示には必要である。
Many facilities and equipment are necessary for an exhibition.
Для проведения выставки необходимо множество помещений и оборудования.

　これらを長期にわたって常に良好な状況に保つことが要求されるため、ランニングコスト・使い勝手・メンテナンスのしやすさ・設備更新の計画を含めての入れ替えなどを考慮すべきである。

　It is necessary to keep these in good condition over the long term, so consideration must be given to running costs, ease of use, ease of maintenance, and replacement, including plans for equipment upgrades.

　Необходимо поддерживать их в хорошем состоянии в течение длительного времени, поэтому следует учитывать эксплуатационные расходы, простоту использования, простоту обслуживания и замены, включая планы по модернизации оборудования.

　学芸員に限らず博物館に勤めている者は、展示室を常にチェックし、清掃やメンテナンスに心がけなければならない。それによって資料や器具の異変・展示環境の変化・虫・有害植物などにいち早く予防・対応できるとともに、来館者の居心地の良さを作り出すこともできる。

　Not only curators, but everyone who works in a museum must constantly check the exhibition rooms and make an effort to clean and maintain them. This will allow museum staff to quickly prevent and respond to problems with materials and equipment, changes in the exhibition environment, insects, harmful plants, etc., and also create a comfortable environment for visitors.

　Не только кураторы, но и все, кто работает в музее, должны постоянно проверять экспозиционные помещения и прилагать усилия для их уборки и содержания. Это позволит сотрудникам музея оперативно предупреждать и реагировать на проблемы с материалами и оборудованием, изменения в экспозиционной среде, насекомыми, вредными растениями и т. д., а также создавать комфортную среду для посетителей.

　これらの点検のために点検リストやチェックリスト、対応マニュアルを作ることも有効である。また、緊急事態への対応マニュアルや訓練も欠かすことができない。

　It is effective to create inspection lists, checklists, and response manuals for these inspections. Emergency response manuals and training are also essential.

　Эффективно создавать списки проверок, контрольные списки и руководства по реагированию для этих проверок. Руководства по реагированию на чрезвычайные ситуации и обучение также необходимы.

参考引用文献 References
宇野文夫　2022「2-5　展示と保存」『博物館の展示をつくる　展示論』日本展示学会
Hiroaki FURUSHO, 2024, "Lecture note Museology Overview" wasyuppan AMAZON
fig.7-1Electrical switchgear
https://commons.wikimedia.org/wiki/File:Electrical_switchgear.JPG

8. 博物館の資金調達
Museum Funding
Финансирование музея

博物館展示のトータルライフサイクルマネージメント
Total life cycle management of museum exhibits
Полное управление жизненным циклом музейных экспонатов

　展示は来館者へのマーケティングを行う事で、ターゲット層を定義できる。また、来館者の展示への期待値と観覧後の満足度とのギャップを知り、これを最小化する努力をすることによって来館者の満足度最大限にすることができる。

　Exhibitions can define their target audience by marketing themselves to visitors. They can also maximise visitor satisfaction by knowing the gap between visitors' expectations of the exhibition and their satisfaction after viewing it and making efforts to minimise this gap.

　Выставки могут определить свою целевую аудиторию путем маркетинга для посетителей. Они также могут максимизировать удовлетворенность посетителей, зная разрыв между ожиданиями посетителей от выставки и их удовлетворенностью после ее посещения, и прилагая усилия для минимизации этого разрыва.

　展示には老朽化による耐用限界があり、これに備えた資金計画が必要であるとともに、ランニングコストと突発的な修復や復元のための資金的余裕も必要である。

　Exhibitions have a useful life limit due to ageing and need a financial plan to prepare for this, as well as a financial margin for running costs and for unexpected restoration or reinstatement.

　Срок службы выставок ограничен в связи с их старением, поэтому необходимо составить финансовый план, чтобы подготовиться к этому, а также предусмотреть финансовый запас на текущие расходы и на непредвиденную реставрацию или восстановление.

　展示は一定期間を過ぎると、来館者に飽きられるようになり、来館者数が鈍化する。展示には、発生→拡大→頂点→衰退→消滅という流行の周期があり、これに合わせて展示を定期的にリニューアルしなければならない。また、調査研究の進歩、教科書の書き換えなどによる変化に展示は迅速に対応しなければならない。

　After a certain period of time, an exhibition becomes tired of visitors and the number of visitors slows down. Exhibitions go through cycles of fashion - emergence, expansion, apex, decline and disappearance - and must be renewed regularly in line with these cycles. Exhibitions must also respond quickly to changes caused by advances in research, rewriting of textbooks, etc.

　Через некоторое время выставка надоедает посетителям, и их число замедляется. Выставки проходят через циклы моды - появление, расширение, пик, спад и исчезновение - и должны регулярно обновляться в соответствии с этими циклами. Выставки также должны быстро реагировать на изменения, вызванные прогрессом в исследованиях, переписыванием учебников и т. д.

　博物館は展示の現在価値（NPV=Net Present Value）を判断して適切な更新を行う必要が

ある。

Museums need to determine the Net Present Value (NPV = Net Present Value) of their exhibitions and update them appropriately.

Музеям необходимо определить чистую приведенную стоимость (NPV = Net Present Value) своих выставок и соответствующим образом обновить их.

特にホームページやデジタルミュージアムの情報通信端末は、新しい機材やシステムが次々と開発され、価格が高額であり、さらに、ライフサイクルが極めて短いことがあげられる。デジタル技術の導入によるハード・ソフト・コンテンツの維持管理・更新費用は大きな負担になることを意識しておく必要がある(fig.8-1)。

In particular, new equipment and systems for information and communication terminals for websites and digital museums are being developed one after another, are expensive and, moreover, have extremely short life cycles. It is necessary to be aware that the cost of maintaining and updating hardware, software and content due to the introduction of digital technology is a significant burden.

В частности, новое оборудование и системы для информационно-коммуникационных терминалов для веб-сайтов и цифровых музеев разрабатываются одна за другой, стоят дорого и, кроме того, имеют крайне короткий жизненный цикл. Необходимо осознавать, что расходы на поддержание и обновление оборудования, программного обеспечения и контента в связи с внедрением цифровых технологий являются существенным бременем.

展示のライフサイクルマネージメントによって高額なトータルコストを分散させることができる。また、展示が硬直化してしまう前に変更して、常に来館者を飽きさせないようにすることも可能である。そのためには長中期の運用を念頭に置いた展示計画と資金計画を作成しなければならない。

The life cycle management of an exhibition can spread the high total cost. It is also possible to change exhibitions before they become rigid and to keep visitors constantly occupied. To achieve this, exhibition and funding plans must be drawn up with long- and medium-term operations in mind.

Управление жизненным циклом выставки может распределить высокую общую стоимость. Также возможно менять выставки до того, как они станут жесткими, и постоянно держать посетителей занятыми. Чтобы достичь этого, планы выставок и финансирования должны составляться с учетом долгосрочных и среднесрочных операций.

fig.8-1 Digital exhibition, The Sumida Hokusai Museum Japan

費用の捻出方法

How to raise funds

Как собрать средства

　これらの費用を捻出するためには、集客力をあげる事が望まれる。集客力を上昇させるには、展示の内容の質の向上が欠かせない。これにはエンターテインメント性を向上することが望まれる。エンターテインメント性は知的エンターテインメントと娯楽エンターテインメントがあるが、目新しい機材やシステムなどを売りにする娯楽エンターテインメントでは相応の資金が必要であるため、資金面での余裕がなければ難しい(fig.8-2)。

To cover these costs, it is desirable to increase the number of visitors. To increase the number of visitors, it is essential to improve the quality of the content of the exhibits. To do this, it is desirable to improve the entertainment value. Entertainment can be divided into intellectual entertainment and recreational entertainment, but recreational entertainment that sells novel equipment or systems requires a considerable amount of funding, making it difficult unless there is financial leeway.

Чтобы покрыть эти расходы, желательно увеличить количество посетителей. Чтобы увеличить количество посетителей, необходимо улучшить качество содержания экспонатов. Для этого желательно улучшить развлекательную ценность. Развлечения можно разделить на интеллектуальные развлечения и развлекательные развлечения, но развлекательные развлечения, которые продают новое оборудование или системы, требуют значительного объема финансирования, что затрудняет их реализацию, если нет финансовой свободы действий.

　一方知的エンターテインメントは学芸員の発想と努力、研鑽によって補える部分が多いため、比較的わずかな資金でも費用対効果を高めることができる。

On the other hand, intellectual entertainment can be provided in large part by the ideas, efforts, and training of museum curators, so it can be cost-effective even with relatively small amounts of funding.

fig.8-2 Immersive VR environment

С другой стороны, интеллектуальные развлечения могут быть в значительной степени обеспечены идеями, усилиями и обучением музейных кураторов, поэтому они могут быть экономически эффективными даже при относительно небольших объемах финансирования.

さらに、博物館展示だけではなく、ミュージアムショップ収入、レストラン収入なども博物館の収入源の一つである(fig.8-3.4)。さらに、空きスペースのレンタル収入も重要となる。博物館を利用したコマーシャル撮影も近年は盛んになり、博物館内外での撮影収入も見込めるようになった。

fig.8-3 Gift shop at Royal Tyrrell Museum Canada

In addition to museum exhibits, museum shop and restaurant income are also sources of income for museums. Rental income from vacant space is also important. Commercial filming using museums has become popular in recent years, and filming income from both inside and outside the museum can be expected.

fig.8-4 Cafe & Restaurant in Kunsthistorischen Museum, Austria

Помимо музейных экспонатов, доход от музейных магазинов и ресторанов также является источником дохода для музеев. Доход от аренды пустующих помещений также важен. Коммерческая съемка с использованием музеев стала популярной в последние годы, и можно ожидать дохода от съемок как внутри, так и снаружи музея.

さらに博物館がもつ資料の画像データや使用権や商標権などのコンテンツを商業目的利用のために販売すること、動植物などの DNA 情報などを製薬会社へ販売するなどの情報販売も収入源となる。

これらの収入を得るためには博物館のブランドイメージを向上させることが重要である。

Further sources of income include selling image data, usage rights, trademark rights, and other content held by the museum for commercial use, as well as selling information such as DNA information on animals and plants to pharmaceutical companies.

In order to obtain these types of income, it is important to improve the museum's brand image.

Другие источники дохода включают продажу данных изображений, прав использования, прав на товарные знаки и другого контента, хранящегося в музее для коммерческого использования, а также продажу информации, такой как информация о ДНК животных и растений, фармацевтическим компаниям.

Чтобы получить эти виды дохода, важно улучшить имидж бренда музея.

また、博物館とそこに集まる博物館利用者の活動に助成を行う、社会的責任投資（CSR=Corparate Social Responsibility）などのセメナ支援（企業等による芸術文化活動への支援）も重要である。

こうしたファンド・レイジング（Fund Raising=民間非営利組織の資金集め）は、寄付募集者である博物館の信用と責任が重要である。寄付の方法の明確化と、寄付の目的に関する説明責任と寄付の用途、及び効果に関する情報の公開が必要不可欠である(fig.8-5)。

fig.8-5 Keep the Ball A-Rolling.Minneapolis Art Museum Fund,USA

Additionally, Semena support（support for artistic and cultural activities by corporations, etc.）such as Corporate Social Responsibility（CSR）investment, which provides subsidies for the activities of museums and the museum visitors who gather there, is also important.

In this type of fundraising（fundraising for private non-profit organizations）, the credibility and responsibility of the museum as the donor is important. It is essential to clarify the method of donations, to be accountable for the purpose of the donations, and to disclose information about how the donations will be used and their effects.

Кроме того, поддержка Semena (поддержка художественных и культурных мероприятий корпорациями и т. д.), например, инвестиции в корпоративную социальную ответственность (CSR), которые предоставляют субсидии на деятельность музеев и посетителей музеев, которые там собираются, также важны.

В этом типе сбора средств (сбор средств для частных некоммерческих организаций) важны авторитет и ответственность музея как донора. Важно прояснить способ пожертвований, нести ответственность за цель пожертвований и раскрывать информацию о том, как будут использоваться пожертвования и каковы их последствия.

参考引用文献 References
徳澤啓一　2022「2-6　展示と資金」『博物館の展示をつくる　展示論』日本展示学会

fig.8-1 Digital exhibition,The Sumida Hokusai Museum Japan
https://commons.wikimedia.org/wiki/File:%E9%9A%85%E7%94%B0%E5%B7%9D%E4%B8%A1%E5%B2%B8%E6%99%AF%E8%89%B2%E5%9B%B3%E5%B7%BB%E3%81%AE%E3%83%87%E3%82%B8%E3%82%BF%E3%83%AB%E5%B1%95%E7%A4%BA%E3%83%BC%E3%81%99%E3%81%BF%E3%81%A0%E5%8C%97%E6%96%8E%E7%BE%8E%E8%A1%93E9%A4%A8.jpg
fig.8-2 Immersive VR environment
https://commons.wikimedia.org/wiki/File:Virtual_Environment_exercise_experience_for_senior_citizens.jpg
fig.8-3 Gift shop at Royal Tyrrell Museum Canada
https://commons.wikimedia.org/wiki/File:Gift_shop_at_Royal_Tyrrell_Museum.jpg
fig.8-4 Cafe & Restaurant in Kunsthistorischen Museum,Austria
https://commons.wikimedia.org/wiki/File:Cafe_%26_Restaurant_im_Kunsthistorischen_Museum.jpg
fig.8-5 Keep the Ball A-Rolling. Minneapolis Art Museum Fund,USA
https://commons.wikimedia.org/wiki/File:Keep_the_Ball_A-Rolling_-_DPLA_-_579ef95d623c2a7c5d9fd219f380720d.jpg

9. 博物館展示の構成要素
Components of a Museum Exhibit
Составные части музейной экспозиции

展示資料　実物資料・標本・複製
Exhibits: Original materials, specimens, and replicas
Экспонаты: оригинальные материалы, образцы и копии.
Выставочный материал Реальный материал, образцы и репродукции

展示資料は実物資料と標本、複製に分けられる。

Exhibition material can be divided into real material, specimens and reproductions.

fig.9-1Skeleton specimen,Tianjin Natural History Museum, China

Выставочный материал можно разделить на подлинный, образцы и репродукции.

実物資料とは文字通り実物の資料である。

Real materials are literally real materials.

Настоящие материалы - это буквально настоящие материалы.

標本とは主に植物・動物・魚類・鉱物などに用いられる手法で、展示資料として特別に制作される場合があるが、資料にとっては良い保存状態に置かれているとは限らない。

Specimens are a technique used mainly for plants, animals, fish and minerals, and may be specially produced as exhibition material, but are not always placed in good conservation conditions for the material.

Образцы - это техника, используемая в основном для растений, животных, рыб и минералов; они могут быть специально изготовлены в качестве выставочного материала, но не всегда помещаются в хорошие условия для сохранения материала.

特に有機体である動植物や魚類の標本は腐食や劣化に弱く、動植物や魚類をアルコールやホルマリンに浸した液浸や、剥製などの処置。骨格標本(fig.9-1)。標本内部の水分と樹脂を転換するプラスチネーション。魚類の体を透明にし骨に着色する透明標本などがある。

Specimens of plants, animals and fish, which are particularly vulnerable to corrosion and deterioration as organic organisms, and treatments such as immersion of plants, animals and fish in alcohol or formalin, and taxidermy. Skeletal specimens. Plastination to convert moisture and resin inside specimens. Transparent specimens, e.g. by making the body of fish transparent and colouring the bones.

Органические образцы, такие как растения, животные и рыбы, особенно подвержены коррозии и разрушению, поэтому их консервируют, погружая в спирт или формалин либо набивая чем-либо. Образец скелета. Пластинация преобразует влагу и смолу внутри образца. Существуют прозрачные экземпляры, которые делают тела рыб прозрачными и имеют цветные кости.

標本には次のようなものがある。
乾燥　植物を乾燥させて保存する
液浸　アルコールやホルマリンに浸し保存する
プレパラート　微小生物や組織構造を顕微鏡で見る
剥製　動物の表皮を保存し、内部に詰め物をして成形する
樹脂包理　透明樹脂を封入し腐敗や劣化を防ぐ
ガラスサンド　植物や海草を透明ガラスで夾み変色や劣化を防ぐ
エアータイトケース　不活性ガス注入により酸化防止・紫外線カットする
プラスチネーション　標本の水分を樹脂に置き換え腐敗や劣化を防ぐ(fig.9-2)

There are various types of specimens:

Drying: Preserving plants by drying

Immersion: Preserving in alcohol or formalin

Preparation: Viewing microorganisms and tissue structures under a microscope

Taxidermy: Preserving the epidermis of an animal and stuffing the inside to form a shape

Resin Embedding: Encapsulating with transparent resin to prevent decay and deterioration

Glass Sand: Encapsulating plants or seaweed with transparent glass to prevent discoloration and deterioration

Airtight Case: Injecting inert gas to prevent oxidation and block ultraviolet rays.

Plastination: Replastinating the moisture in the specimen with resin to prevent decay and deterioration

Существуют различные типы образцов:

Сушка: сохранение растений путем сушки

Погружение: сохранение в спирте или формалине

Подготовка: просмотр микроорганизмов и структур тканей под микроскопом

Таксидермия: сохранение эпидермиса животного и наполнение внутренней части для придания формы

Заливка смолой: инкапсуляция прозрачной смолой для предотвращения гниения и ухудшения

Стеклянный песок: инкапсуляция р

fig.9-2 Plastinated fish

астений или водорослей прозрачным стеклом для предотвращения обесцвечивания и ухудшения
Герметичный корпус: введение инертного газа для предотвращения окисления и блокировки ультрафиолетовых лучей.
Пластинирование: повторная пластификация влаги в образце смолой для предотвращения гниения и ухудшения

複製品には模造と模型がある。模造とは本物に似せて作った物で、基本的には本物と同じ縮尺同じ素材でつくる。場合によっては素材を変更したりする。一方模型は形を模するもので、縮尺を変えたり、素材を変えてつくるものである (fig.9-3)。
模型には三次元的立体模型と、二次元的平面模型がある。
立体模型は作り方によって、実物から型を取って作る方法、実物の測量データを元に造形する方法がある。粘土や木・プラスチックなどの素材で人によって造形される場合もあるが、現在では3Dスキャナーと3Dプリンターで造形する方法も用いられている。

fig.9-3 model, D-11 12ft wind tunnel test

There are two types of replicas: imitations and models. Imitations are made to resemble the real thing, and are generally made to the same scale and with the same materials as the real thing. In some cases, the materials may be changed. On the other hand, models imitate a shape and are made by changing the scale or material.
Models can be three-dimensional or two-dimensional.
Depending on how they are made, three-dimensional models can be made by taking a mold from the real thing, or modeled based on survey data of the real thing. They can be modeled by hand using materials such as clay, wood, or plastic, but nowadays they are also being created using 3D scanners and 3D printers.

Репродукции включают имитации и модели. Имитация — это нечто, напоминающее настоящую вещь, и по сути, изготовленное в том же масштабе и из тех же материалов, что и настоящая вещь. В некоторых случаях материалы могут быть изменены. С другой стороны, модель — это то, что имитирует форму и создается путем изменения масштаба или материала.
Существуют трехмерные и двухмерные модели.
В зависимости от способа изготовления трехмерные модели могут быть изготовлены путем снятия слепка с реального предмета или путем создания модели на основе данных измерений реального предмета. Хотя их можно вылепить вручную из таких материалов, как глина, дерево или пластик, теперь их также изготавливают с помощью 3D-сканеров и 3D-принтеров.

資料の固定具

Material Fixtures

Материальные приспособления

　展示では展示物の安全性と展示効果は相反するものである。展示資料の安全性を優先させると、強固で丈夫な固定具が必要となるが、その分、展示資料が見えにくくなる。展示としての見た目や展示資料の見え方を優先させれば、固定具はより小さく、少なくなり安全性の確保が難しくなる。

　In an exhibition, the safety of the exhibits and the effectiveness of the exhibits are contradictory. If the safety of the exhibits is prioritized, strong and sturdy fixing devices are required, but the exhibits are more difficult to see. If the appearance of the exhibits and the visibility of the exhibits are prioritized, the fixing devices become smaller and fewer, making it more difficult to ensure safety.

　На выставке безопасность экспонатов и эффективность экспонатов противоречат друг другу. Если безопасность экспонатов является приоритетом, требуются прочные и надежные крепежные устройства, но экспонаты сложнее увидеть. Если внешний вид экспонатов и их видимость являются приоритетом, крепежные устройства становятся меньше и их становится меньше, что затрудняет обеспечение безопасности.

　安全性と展示効果のバランスを組み合わせて安全に見やすくすることが固定具に求められる(fig.9-4)。

　It is necessary to ensure a balance between safety and exhibition effectiveness by making exhibits safe and easy to view.

　Необходимо обеспечить баланс между безопасностью и эффективностью выставки, сделав экспонаты безопасными и удобными для осмотра.

　まず、資料の安全性を確保するためには、資料の重心を低く保つことと、資料の底部と棚などの設置面との接点を安定させることである。また、支持具や固定具を用いて資料の一部を床や壁面などに固定し、安定を図ることが展示資料の安全を図るための基本となる。資料を安定させるには、できるだけ点ではなく面で支えるようにすることが有効である。また、資料にもよるが、最低三点以上の設置面・支持面・固定面が必要である。

fig.9-4 Material Fixtures

First, to ensure the safety of materials, it is necessary to keep the center of gravity of the materials low and to stabilize the contact point between the bottom of the materials and the installation surface such as a shelf. Also, the basis for ensuring the safety of exhibited materials is to use supports or fixings to fix parts of the materials to the floor or wall to ensure stability. To stabilize materials, it is effective to support them as much as possible with a surface rather than a point. Also, depending on the material, at least three installation surfaces, support surfaces, and fixing surfaces are required.

Во-первых, для обеспечения безопасности материалов необходимо поддерживать центр тяжести материалов низко и стабилизировать точку контакта между нижней частью материалов и поверхностью установки, например, полкой. Кроме того, основой обеспечения безопасности экспонируемых материалов является использование опор или креплений для фиксации частей материалов к полу или стене для обеспечения устойчивости. Для стабилизации материалов эффективно поддерживать их как можно больше поверхностью, а не точкой. Кроме того, хотя это зависит от материала, требуется минимум три точки: поверхность установки, опорная поверхность и поверхность установки.

重心を低くするためには土器などの資料では、内部に重りを入れるなどの方法が有効である。また、底部の設置面は、資料の底部に合わせて設置面を成形したり、詰め物によって底部と設置面との隙間を埋めることによって安定させる (fig.9-5)。

In order to lower the center of gravity, it is effective to place weights inside pottery and other materials. The bottom of the base can be stabilized by molding the base to fit the bottom of the material, or by filling the gap between the base and the base with stuffing.

Для того чтобы понизить центр тяжести, эффективно размещать грузы внутри керамики и других материалов. Дно основания можно стабилизировать, отформовав основание по размеру дна материала или заполнив зазор между основанием и основанием набивкой.

資料の展示効果は、資料と設置面との見せ方、取り付けパーツや支持具・固定具の数や見せ方による。最も重要なのは資料の安全であるが、展示効果を高めるために支持部分・固定部分を最小限にし、透明のチューブを通して資料への影響を最小限にした釣り用の糸を使ったり、アクリルなどの透明素材を使うなどの方法を考える必要がある。

The effectiveness of displaying materials depends on how the materials are displayed relative to the surface on which they are placed, and the number and appearance of mounting parts, supports, and fixtures. The most important thing is the safety of the

fig.9-5 Pottery display

materials, but in order to enhance the effectiveness of the display, it is necessary to consider ways to minimize the support and fixing parts, use fishing line through transparent tubes to minimize the impact on the materials, or use transparent materials such as acrylic.

Эффективность демонстрации материалов зависит от того, как материалы отображаются относительно поверхности, на которой они размещены, а также от количества и внешнего вида крепежных деталей, опор и приспособлений. Самое главное — это безопасность материалов, но для повышения эффективности демонстрации необходимо рассмотреть способы минимизации опорных и крепежных деталей, использовать леску через прозрачные трубки, чтобы минимизировать воздействие на материалы, или использовать прозрачные материалы, такие как акрил.

展示ケース
Display Case
Витрина

展示は資料のありのままを見せる事が理想である。そのためには露出展示が望ましい。資料のリアルを伝えるためにはガラス一枚でもないほうが良い。しかし、多くの資料は環境の変化に対して弱い。また、盗難や、不慮・故意の事故、災害など、資料を劣化や破損・破壊・損失などから守り保存保管し次の世代に受け継いでいくことは博物館の重要な責務である。展示ケースの役割は、「資料をありのままに見せる」ことと、「資料を確実に守る」ことの相反する2つの役割を同時に担っている (fig.9-6)。

The ideal display should show materials in their natural state. For this, open-air displays are desirable. In order to convey the reality of the materials, it is better not to have even a single pane of glass. However, many materials are vulnerable to changes in the environment. It is also an important responsibility of museums to preserve and hand down materials to the next generation, protecting them from deterioration, damage, destruction, and loss due to theft, unintentional or intentional accidents, and disasters. The role of display cases is to simultaneously fulfill two conflicting roles: to "show materials in their natural state" and to "ensuring the protection of materials."

Идеальная экспозиция должна показывать материалы в их естественном состоянии. Для этого желательны экспозиции на открытом воздухе. Чтобы передать реальность материалов, лучше не иметь ни одной стеклянной панели. Однако многие материалы уязвимы к изменениям окружающей среды. Также важной обязанностью музеев является сохранение и передача мат

fig.9-6 exhibition case in Louvre, France

ериалов следующему поколению, защита их от ухудшения, повреждения, разрушения и потери из-за кражи, непреднамеренных или преднамеренных несчастных случаев и катастроф. Роль витрин заключается в том, чтобы одновременно выполнять две противоречивые роли: « показывать материалы в их естественном состоянии » и « обеспечивать защиту материалов ».

展示ケースは中の資料を見てもらうためのものであって、ケース自体を見てもらうものではない、したがって目立たないようなケースが良い。また、ガラスは厚みを増すと青く見える性質があり、中の資料の正確な色が伝わらなくなる。しかしガラスの厚みが足りないと不慮の事故による破損の可能性が高くなり、防犯上の支障もきたす。したがって、厚みを増しても青みがからない、高透過性ガラスを用いる方が良い。

Display cases are meant to show the materials inside, not the case itself, so an inconspicuous case is best. Also, glass has the property of appearing blue as it gets thicker, and the true color of the materials inside is not conveyed. However, if the glass is not thick enough, there is a high possibility of it being broken in an accident, and it also poses security problems. Therefore, it is better to use highly transparent glass, which does not turn blue even if it is thicker.

Витрины предназначены для демонстрации материалов внутри, а не самого корпуса, поэтому лучше всего подойдет незаметный корпус. Кроме того, стекло имеет свойство казаться синим по мере того, как становится толще, и истинный цвет материалов внутри не передается. Однако, если стекло недостаточно толстое, существует высокая вероятность того, что оно разобьется при аварии, а также это создает проблемы безопасности. Поэтому лучше использовать высокопрозрачное стекло, которое не становится синим, даже если оно толще.

展示ケースの照明
Display case lighting
Освещение витрин

展示ケースの照明はベース照明と演出照明の2つに分けられる。

Exhibition case lighting can be divided into two categories: base lighting and directional lighting.

Освещение выставочных витрин можно разделить на две категории: базовое освещение и направленное освещение.

ベース照明は展示ケース内を照らす照明で、基本的にはケース内全体が同じ照度となるようにする。つまり、ベース照明は均一に資料に照射するようにする。そのため、照度分布が、最低照度と最高照度の差、1：3以内に抑えることが望ましい。

Base lighting illuminates the interior of the display case and basically ensures that the entire case is illuminated at the same intensity. In other words, base lighting should illuminate the material evenly. The illuminance distribution should therefore be kept within 1:3, the difference between the minimum and maximum illuminance.

Базовое освещение освещает внутреннюю часть витрины и, по сути, обеспечивает одинаковую интенсивность освещения всей витрины. Другими словами, б азовое освещение должно равномерно освещать материал. Поэтому распределение освещенности должно быть в пределах 1:3 - разница между минимальной и максимальной освещенностью.

ベース照明はケースの形状と展示資料によって異なり、ウォールケースはケース内の壁への展示が想定されるため垂直照明度の均一性が重要である。一方、四方から展示を観覧するケースは水平照明度の均一性が求められる。

Base illumination depends on the shape of the case and the material on display, with wall cases requiring uniformity of vertical illumination as they are expected to be displayed on the walls of the case. On the other hand, cases where the exhibition is viewed from all sides require uniformity of horizontal illumination.

Освещение основания зависит от формы витрины и экспонируемого материала: настенные витрины требуют равномерного вертикального освещения, поскольку предполагается, что экспонаты будут выставляться на стенах витрины. С другой стороны, витрины, где выставка просматривается со всех сторон, требуют равномерного горизонтального освещения.

演出照明はスポットライトなどを使用して資料の物陰影やハイライトを際立たせる照明である。これによってベース照明が不得意とする資料の立体感やテクスチャーを表現できるようになる。

Directional lighting is the use of spotlights and other lighting to highlight the shadows and highlights of the material. This allows for the expression of three-dimensionality and texture in materials, which base lighting is not very good at.

Направленное освещение - это использование прожекторов и других осветительных приборов для выделения теней и бликов на материале. Это позволяет передать трехмерность и текстуру материалов, что не очень хорошо получается у базового освещения.

光は資料を劣化させてしまう原因の一つである。

Light is one of the main causes of deterioration of materials.

Свет - одна из основных причин порчи материалов.

光は、およそ380nm以下の波長の短い光を紫外線、およそ360nm-380nm～780nm-830nmの間の光を可視光線、およそ780nm以上の波長の長い光を赤外線と呼ぶ(fig.9-7)。

Light with short wavelengths below approximately 380 nm is called ultraviolet light, light between approximately 360 nm-380 nm and 780 nm-830 nm is called visible light and light with long wavelengths above approximately 780 nm is called infrared light.

Свет с короткой длиной волны менее 380 нм называется ультрафиолетовым, свет в диапазоне от 360 нм-380 нм до 780 нм-830 нм - видимым, а свет с длинной волны более 780 нм - инфракрасным.

紫外線は資料に化学変化をもたらす。とくに資料に対する損傷率が高く、損傷度全体の95％の損傷作用を占めていると言われている。展示には紫外線をカットした蛍光灯や、紫外線を発する蛍光灯には紫外線吸収膜の鞘を用いる。

Ultraviolet radiation causes chemical changes in materials. The rate of damage to materials is particularly high and is said to account for 95% of the total damage action. Exhibits should be lit by fluorescent lamps that cut out ultraviolet light, and fluorescent lamps that emit ultraviolet light should be sheathed in ultraviolet absorbing film.

Ультрафиолетовое излучение вызывает химические изменения в материалах. Скорость повреждения материалов особенно высока и, как утверждается, соста вляет 95 % от общего количества повреждений. Экспонаты должны освещаться флуоресцентными лампами, отсекающими ультрафиолетовое излучение, а флу оресцентные лампы, излучающие ультрафиолетовое излучение, должны быть п окрыты ультрафиолетовой поглощающей пленкой.

赤外線は資料に吸収されると熱エネルギーとなり、資料の温度が上昇し、乾燥・変形の原因となる。温度上昇は放射照度と比例するため、同じ照度であっても白熱電球は蛍光灯の約五倍の放射照度となる。展示には赤外線カットの照明器具や熱線吸収フィルターを用いる必要がある。

When absorbed by the material, infrared radiation becomes heat energy, which raises the temperature of the material, causing it to dry out and deform. The temperature rise is proportional to the irradiance, so an incandescent lamp has about five times the irradiance of a fluorescent lamp, even at the same illuminance. Infrared-cut luminaires and heat-absorbing filters should be used in exhibitions.

Поглощаясь материалом, инфракрасное излучение превращается в тепловую энергию, которая повышает температуру материала, вызывая его высыхание и деформацию. Повышение температуры пропорционально облучению, поэтому пр и одинаковой освещенности лампа накаливания излучает примерно в пять раз больше, чем люминесцентная лампа. На выставках следует использовать свети

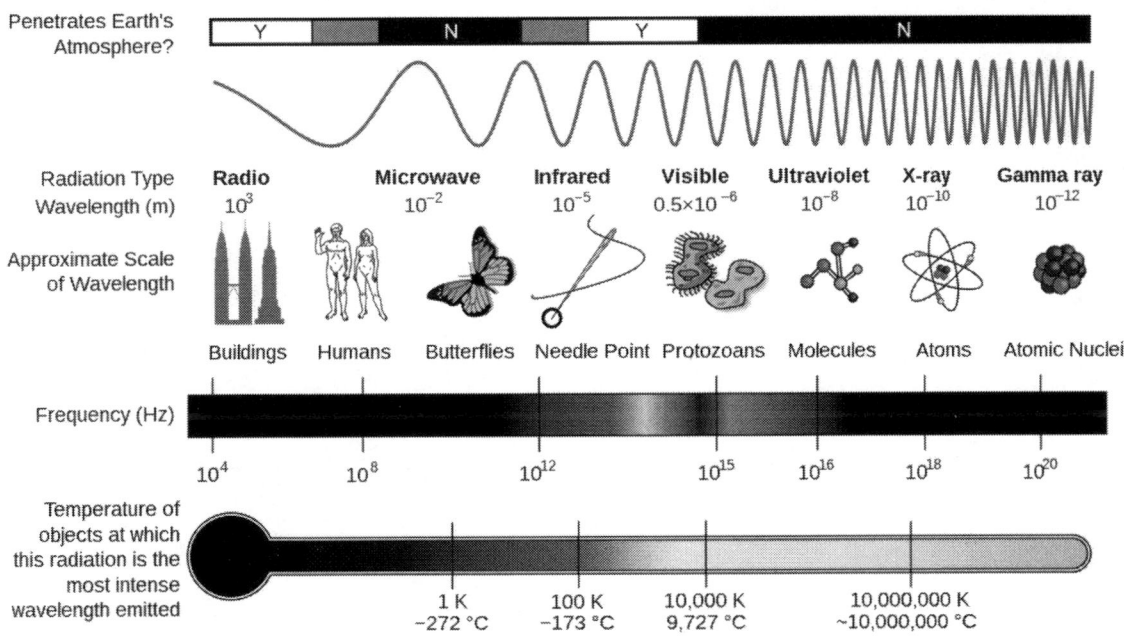

fig.9-7 A diagram of the electromagnetic spectrum

льники с инфракрасной резкой и теплопоглощающие фильтры.

可視光線は私たちが資料を見るために必要な光であるが、可視光線もまた変褪色や劣化を招く。展示する以上、可視光線による資料の劣化を完全に防ぐことはできない。しかしできるだけ資料への影響を少なくし、劣化を遅らせるようにしなければならない。光による資料の劣化はそれぞれの資料の特性によって大きな違いがある。しかし、基本的には、資料あてる光の照度と露光時間によって劣化の度合いが決まる。したがって、低照度で露光時間が短くなるようにすることが大切である。

Visible light is necessary for us to see the material, but visible light also causes discolouration and deterioration. As long as the material is exhibited, it is not possible to prevent the deterioration of the material caused by visible light completely. However, we must try to minimise the effect on the material and slow down the deterioration as much as possible. The deterioration of materials due to light varies greatly depending on the characteristics of each material. However, the degree of deterioration is basically determined by the illuminance and exposure time of the light applied to the material. Therefore, it is important to ensure low illumination and short exposure times.

Видимый свет необходим нам для того, чтобы видеть материал, но видимый свет также вызывает обесцвечивание и порчу. Пока материал экспонируется, невозможно полностью предотвратить его порчу под воздействием видимого света. Однако мы должны постараться минимизировать воздействие на материал и максимально замедлить его ухудшение. Ухудшение состояния материалов под воздействием света сильно варьируется в зависимости от характеристик каждого материала. Однако степень разрушения в основном определяется освещенностью и временем воздействия света на материал. Поэтому важно обеспечить низкую освещенность и короткое время экспозиции.

展示照明の照度は各国によって定められている。

Illumination levels for exhibition lighting are defined in different countries.

Уровни освещенности для выставочного освещения определяются в разных странах.

光と放射に特に敏感な資料
Materials that are particularly sensitive to light and radiation
Материалы, особенно чувствительные к свету и радиации

日本	150 lx	剥製・標本	75～150 lx
Japan		Stuffed animals and specimens	
Япония		Чучела животных и экспонаты	
フランス	50 lx	色温度	2900K
France		Color Temperature	
Франция		Цветовая температура	
イギリス	50 lx		
UK			

Великобритания

アメリカ　　　　　　　200 lx

USA

США

光と反射に感じる資料

Materials sensitive to light and reflection

Материалы, чувствительные к свету и отражению

日本

Japan　　　　　　　　300 〜 750 lx

Япония

フランス　　　　　　　150 〜 180 lx　　　　色温度 4000K

　France　　　　　　　　　　　　　　　　Color Temperature

　　Франция　　　　　　　　　　　　　　　Цветовая температура

イギリス　　　　　　　150 lx

　UK

Великобритания

アメリカ　　　　　　　200 lx

USA

США

光と反射に特に感じない資料

Materials that are not particularly sensitive to light and reflection

Материалы, не особенно чувствительные к свету и отражению

日本　　　　　　　　　750 〜 1500 lx

Japan

Япония

フランス　　　　　　　300 lx を超えた証明は必要ない

　France　　　　　　　　No illumination above 300 lx is required

　　Франция　　　　　　Освещенность выше 300 лк не требуется.

イギリス　　　　　　　輻射熱の考慮が必要

　UK　　　　　　　　　Radiation heat must be taken into consideration

Великобритания　　　　Необходимо учитывать тепловое излучение.

アメリカ　　　　　　　200 〜 6000 lx

USA

США

全体の照明

General lighting

Общее освещение

日本	75 〜 150 lx
Japan	
Япония	
フランス	拡散光で低く
France	Diffused light, low
Франция	Рассеянный свет, слабый
イギリス	
UK	
Великобритания	
アメリカ	
USA	
США	

その他	
others	
другие	
日本	映像や光利用の展示は 30 から 50 lx
Japan	Visual and lighting displays are 30 to 50 lx.
Япония	Визуальные и световые показатели составляют от 30 до 50 лк.

油絵	300 lx
Oil painting	
Масляная живопись	
日本画・水彩	150 lx
Japanese painting/watercolor	
японская живопись	
版画	100 lx
Printmaking	
акварель	
染色	100 lx
Dyeing	
крашение	
その他	200 lx
Other	
Другое	

　展示照明では色を忠実に再現する光源の設定が必要である。したがって、照明の色温度と演色性にも注意しなければならない。

　Exhibition lighting requires a light source setting that faithfully reproduces colour. Therefore, attention must also be paid to the colour temperature and colour rendering properties of the lighting

Выставочное освещение требует установки источника света, который точно передает цвет. Поэтому необходимо также обратить внимание на цветовую температуру и цветопередачу осветительных приборов

色温度は絶対温度 K で表され、5000K 以上になると青みが強くなり、3300K 以下では赤みを帯びる。

Colour temperature is expressed in absolute temperature K. Above 5000 K, the colour temperature becomes more bluish, and below 3300 K it becomes reddish.

Цветовая температура выражается в абсолютной температуре К. Выше 5000 К цветовая температура становится более синеватой, а ниже 3300 К — красноватой.

演色性は可視波長領域の分光分布によって決まる。どんな波長の光をどれだけの割合で含んでいるかが重要であり、各波長の光が十分に含まれていることが重要である。一般に蛍光灯では赤系の波長が不足しているために色の見え方が変わる。

Colour rendering properties are determined by the spectral distribution in the visible wavelength range. It is important what wavelengths are included and in what proportion, and it is important that there is sufficient light of each wavelength. Generally, fluorescent lamps lack red wavelengths, which changes the appearance of colours.

Свойства цветопередачи определяются спектральным распределением в видимом диапазоне длин волн. Важно, какие длины волн включены и в какой пропорции, и важно, чтобы света каждой длины волны было достаточно. Как правило, в люминесцентных лампах не хватает красных длин волн, что меняет вид цветов.

	色温度（K） Color temperature（K） Цветовая температура (К)	平均演色評価数（Ra） Average color rendering index（Ra） Средний индекс цветопередачи (Ra)
美術・博物館用蛍光灯 Fluorescent lamps for art museums Люминесцентные лампы для художественных музеев	3000	95
シリカ電球 100W Silica Bulb100W кремнеземная лампочка100 Вт	2800	100
ハロゲン電球 500W Halogen bulb 500W Галогенная лампа 500 Вт	3000	100

| 水銀灯 | 4200 | 50 |

Mercury lamp

Ртутная лампа

来館者の視線に直接光が入らないように光源の位置を調節することも必要である。

It is also necessary to adjust the position of the light source so that it does not shine directly into the visitor's line of sight.

Также необходимо отрегулировать положение источника света так, чтобы он не светил прямо в поле зрения посетителя.

近年は光ファイバーや LED 照明がケース内の照明として採用されている。紫外線・赤外線が少なく、スポット照明としても使いやすい。LRD 技術の進歩に伴い、ますます利用される照明となる。

In recent years, fibre optic and LED lighting has been used for illumination in cases. They have low UV and IR emissions and are easy to use as spot lighting; they will be used more and more as LRD technology advances.

В последние годы для освещения в кейсах используются оптоволоконные и светодиодные светильники. Они имеют низкое УФ- и ИК-излучение и легко используются в качестве точечного освещения; по мере развития технологии LRD они будут применяться все чаще и чаще.

展示ケースの気密性

Airtightness of exhibition cases

Герметичность выставочных витрин

展示空間は体温を発し呼吸する観覧者や、その出入りに伴う扉の開閉に伴う空気の流動による温湿度の変化がある。また、虫・菌・埃などが常に流入してくる。日本の着物や絵など、資料の中には温湿度の変化に敏感なものもある。また、虫・菌・埃も資料に重大な影響をおよぼす。密封性の高いエアータイトケースはこれらの問題を解決するのに大きな役割を果たしている。

Exhibition spaces are subject to changes in temperature and humidity due to the flow of air caused by visitors who emit and breathe body heat and by the opening and closing of doors as they enter and exit. In addition, there is a constant inflow of insects, bacteria and dust. Some materials, such as Japanese kimonos and paintings, are sensitive to changes in temperature and humidity. Insects, bacteria and dust can also have a serious effect on materials. Highly sealed airtight cases play a major role in solving these problems.

Выставочные пространства подвержены изменениям температуры и влажности из-за потоков воздуха, создаваемых посетителями, которые выделяют и вдыхают тепло тела, а также из-за открывания и закрывания дверей при входе и выходе. Кроме того, сюда постоянно проникают насекомые, бактерии и пыль. Некоторые материалы, такие как японские кимоно и картины, чувствительны к изменениям температуры и влажности. Насекомые, бактерии и пыль также могут о казывать серьезное влияние на материалы. В решении этих проблем большую роль играют герметичные кейсы.

エアータイトケースは内外の空気の流動を抑え、ケース内に調湿剤を使用することによってより安定した湿度を保つことができる。もちろん虫・菌・埃の侵入も極力防ぐことができる。内部に調湿装置を用いれば、一定の湿度を保つことができるが、初期費用が必要である。現在はカセットタイプの調湿剤が使われることが多い。

Airtight cases limit the flow of air inside and outside, and by using humidity control agents inside the case, they can maintain a more stable humidity level. Of course, they can also prevent the intrusion of insects, bacteria, and dust as much as possible. Using an internal humidity control device can maintain a constant humidity level, but this requires initial investment. Currently, cassette-type humidity control agents are often used.

Герметичные корпуса ограничивают поток воздуха внутри и снаружи, и, используя агенты контроля влажности внутри корпуса, они могут поддерживать более стабильный уровень влажности. Конечно, они также могут максимально предотвратить проникновение насекомых, бактерий и пыли. Использование внутреннего устройства контроля влажности может поддерживать постоянный уровень влажности, но это требует первоначальных инвестиций. В настоящее время часто используются агенты контроля влажности кассетного типа.

エアータイトケースは気密性が高いので、制作時、建材から発生する有害ガスが抜けにくいというデメリットがあり、建物と同様に一定のガス抜きの時間が必要となる。

Because airtight cases are highly airtight, they have the disadvantage that harmful gases generated from the building materials during production are difficult to escape, and just like a building, a certain amount of time is required for the gases to escape.

Поскольку герметичные корпуса обладают высокой герметичностью, их недостатком является то, что вредные газы, выделяющиеся из строительных материалов в процессе производства, трудно вывести, и, как и в случае со зданием, для выхода газов требуется определенное время.

展示ケースの取り扱い性
Handling characteristics of the exhibition case.
Особенности обращения с выставочным кейсом.

展示ケースは資料の特性と展示方法に応じて、ウォールケース、四方から観覧できるハイケース、上から覗くことができるケースなどがある。いずれの展示ケースも資料の出し入れが容易で安全に行われるようなケースでなければならない。資料の破損の危険が最も高いのは、資料の入れ替え時であることを忘れてはならない。

Display cases are available in a variety of types, depending on the characteristics of the materials and the display method, including wall cases, high cases that can be viewed from all sides, and cases that can be viewed from above. All display cases must be designed to allow materials to be easily and safely inserted and removed. It should be remembered that the risk of damage to materials is greatest when materials are replaced.

Витрины доступны в различных типах, в зависимости от характеристик материалов и способа экспозиции, включая настенные витрины, высокие витрины, которые можно просматривать со всех сторон, и витрины, которые можно просматривать сверху. Все витрины должны быть спроектированы так, чтобы материалы можно было легко и безопасно вставлять и вынимать. Следует помнить, что риск повреждения материалов наиболее высок при замене материалов.

また、展示ケースの配列によって展示シナリオに沿った観覧者の導線がつくられる。シナリオに沿って、自然でゆとりを持った導線で、安全に観覧者を入口から出口方向へと案内できるように配列することが必要である。

The arrangement of the display cases also creates a visitor route in line with the exhibition scenario. The arrangement of the display cases should be such that visitors can be guided safely from the entrance to the exit in a natural and spacious route according to the scenario.

Расположение витрин также создает маршрут движения посетителей в соответствии со сценарием выставки. Расположение витрин должно быть таким, чтобы посетители могли безопасно пройти от входа до выхода по естественному и просторному маршруту в соответствии со сценарием.

音響

Acoustics

Акустика

音の特性

Characteristics of sound

Характеристики звука

音の特質として、聞き手がどのような状況に合っても情報を伝達できること、注意喚起、覚醒作用が強いこと、いろいろな音が混在している状況でも聞き手は聞きたい音を選択して選ぶことができること、到達方向が無指向性であることなどがあげられる。

音による情報伝達は視覚障害者には有効な手段だが、無指向性である事から、音の聞こえる範囲や方向を制御することは難しい。

The characteristics of sound include its ability to convey information to the listener regardless of the situation, its strong attention-grabbing and awakening effects, the ability of the listener to select the sound they want to hear even in a situation where various sounds are mixed, and its omnidirectional direction of arrival.

Sound is an effective means of conveying information to the visually impaired, but because it is omnidirectional, it is difficult to control the range and direction in which the sound can be heard.

Характеристики звука включают его способность передавать информацию слушателю независимо от ситуации, его сильные эффекты привлечения внимания и пробуждения, способность слушателя выбирать звук, который он хочет услышать, даже в ситуации, когда смешиваются различные звуки, и его всенаправленное направление прибытия.

Звук является эффективным средством передачи информации слабовидящим, н о поскольку он всенаправленный, трудно контролировать диапазон и направление, в котором звук может быть услышан.

展示空間における音の役割
The role of sound in an exhibition space
Роль звука в выставочном пространстве

展示空間における音の役割は、「展示内容を聴覚情報として伝達すること」と「展示空間の雰囲気を創出すること」である。

The role of sound in an exhibition space is to "communicate the exhibit content as auditory information" and "create the atmosphere of the exhibition space."

Роль звука в выставочном пространстве заключается в том, чтобы « передавать содержание экспоната как слуховую информацию » и « создавать атмосферу выставочного пространства ».

展示内容を聴覚情報として伝達するためには、音声・効果音などを用いる。この場合、聞き手の「聞きやすさ」「理解しやすさ」に配慮が必要である。音量・スピード・伝達時間・伝達内容・音の意味などを考える必要がある。多くの情報を伝達するためのむやみに長い解説は避けるべきである。

In order to convey the contents of the exhibition as auditory information, voice and sound effects are used. In this case, consideration must be given to the listener's "ease of hearing" and "ease of understanding." It is necessary to consider the volume, speed, transmission time, content, and meaning of the sound. Unnecessarily long explanations in an attempt to convey a lot of information should be avoided.

Для того чтобы передать содержание выставки в виде слуховой информации, используются голосовые и звуковые эффекты. При этом необходимо учитывать « легкость слышимости » и « легкость понимания » слушателя. Необходимо учитывать громкость, скорость, время передачи, содержание и смысл звука. Следует избегать излишне длинных объяснений в попытке передать много информации.

展示空間の雰囲気を創出するための音は、空間内の観覧者に観覧しやすい感情を与えたり、展示内容に臨場感を与えるようなものでなければならない。観覧者は展示演出のための音だけではなく、周りのほかの音にさらされていることにも注意をはらわなければならない。音量・タイミング・音の種類など注意することが必要である。

The sounds used to create the atmosphere of an exhibition space must be such that they give the viewers in the space an easy-to-view feeling and give the exhibits a sense of realism. Visitors must be aware that they are exposed to not only the sounds used for the exhibition, but also other sounds around them. Attention must be paid to the volume, timing, and type of sounds.

Звуки, используемые для создания атмосферы выставочного пространства, должны быть такими, чтобы они создавали у зрителей в пространстве ощущение легкости просмотра и придавали экспонатам ощущение реалистичности. Посетители должны осознавать, что они подвергаются воздействию не только звуков, используемых для выставки, но и других звуков вокруг них. Необходимо уделять внимание громкости, времени и типу звуков.

展示空間の音

Sound in an exhibition space

Звук в выставочном пространстве

　展示空間にある音は、音源の強さ、音源からの距離、音源と音を聞く人との間の遮蔽物の有無などによって物理的に音を聞く人が認識できる範囲が限られる。これを「物理的な音場」と呼ぶ。展示室内にいくつかの展示品があり、それぞれに展示解説などを音で伝える場あり、物理的な音場を意識する必要がある。音場を完全に区切ることは難しいので、お互いの音場の交わる部分を意識する必要がある。両方の音場が干渉しないように工夫することが望ましい。そのためには音量・音質・速度などを工夫することが大切である。

The range of sound that a person can physically perceive in an exhibition space is limited by factors such as the strength of the sound source, the distance from the sound source, and the presence or absence of obstructions between the sound source and the person listening to the sound. This is called the "physical sound field." There are several exhibits in the exhibition room, and each exhibit has a place where explanations of the exhibits are conveyed through sound, so it is necessary to be aware of the physical sound field. It is difficult to completely separate the sound fields, so it is necessary to be aware of the areas where the sound fields intersect. It is desirable to make efforts to prevent both sound fields from interfering with each other. To do this, it is important to devise volume, sound quality, speed, etc.

Диапазон звука, который человек может физически воспринимать в выставочном пространстве, ограничен такими факторами, как сила источника звука, расстояние от источника звука и наличие или отсутствие препятствий между источником звука и человеком, слушающим звук. Это называется « физическим звуковым полем ». В выставочном зале находится несколько экспонатов, и у каждого экспоната есть место, где объяснения экспонатов передаются посредством звука, поэтому необходимо знать о физическом звуковом поле. Трудно полностью разделить звуковые поля, поэтому необходимо знать области, где звуковые поля пересекаются. Желательно приложить усилия, чтобы оба звуковых поля не мешали друг другу. Для этого важно продумать громкость, качество звука, скорость и т. д.

　展示空間では他の観覧者の声や空調の音、足音など、聞き手には展示のために用意した音とは違う音も届いている。聞き手はその中から選択的に音を選び、内容を理解する。選択的に視聴された音が「心理的な音場」を形成することになる。聞き手の選択する音は当人の注意や関心度、文化的背景、慣れ等による「内的要因」と音の特性や、内容の意味、繰り返しのパターンなどによる「外的要因」によって選択される場合がおると考えられる。聞き手に届ける音は基本的に聞き取りやすい、居心地の良い音でなければならない。

In an exhibition space, listeners also hear sounds other than those prepared for the exhibition, such as the voices of other visitors, the sounds of the air conditioning, and footsteps. Listeners selectively choose from these sounds to understand the content. The sounds that are selectively heard form a "psychological sound field." The sounds that listeners select may be based on "internal factors" such as the listener's attention and interest, cultural background, familiarity, etc., or "external factors" such as the characteristics of the sound, the meaning of the content, and repetition patterns. Sounds delivered to listeners must basically be easy to hear and comfortable.

В выставочном пространстве слушатели также слышат звуки, отличные от тех, которые были подготовлены для выставки, например, голоса других посетителей, звуки кондиционера и шаги. Слушатели выборочно выбирают из этих звуков, чтобы понять содержание. Звуки, которые выборочно слышны, образуют « психологическое звуковое поле ». Звуки, которые выбирают слушатели, могут быть основаны на « внутренних факторах », таких как внимание и интерес слушателя, культурный фон, знакомство и т. д., или « внешних факторах », таких как характеристики звука, значение содержания и модели повторения. Звуки, доставляемые слушателям, должны быть в основном легкими для восприятия и комфортными.

ただし、災害や火災、避難などを伝達する緊急時の音は、この限りではない。誰しもが必ず注目するような音声伝達を行う必要がある。このためには、普段とは違う、音質・音量・伝達手法で正しい情報を明確に伝える必要がある。ただし、入場者がパニックを起こさないように、落ち着いたトーンと速度で緊迫感をもって伝えなければならない。この場合、全ての入場者が必ず注意し、指示に従ってもらうような音声伝達を行わなければならない。もっとも重要なのは入館者・職員が正確な情報を把握し、パニックを起こさないように冷静に正しく行動して安全を確保できるための音声伝達手段と方法である。

緊急避難に対しては、普段から十分な訓練が必要である事は言うまでも無い。

However, this does not apply to sounds used in emergencies such as disasters, fires, and evacuation. Audio communication must be in a way that draws everyone's attention. To do this, it is necessary to clearly convey correct information using sound quality, volume, and communication methods that are different from normal. However, to avoid causing panic among visitors, the information must be communicated in a calm tone and speed with a sense of urgency. In this case, audio communication must be made in a way that ensures all visitors pay attention and follow instructions. What is most important is the means and method of audio communication that allows visitors and staff to grasp accurate information, act calmly and correctly to avoid panic, and ensure safety.

It goes without saying that sufficient training is necessary on a regular basis for emergency evacuation.

Однако это не относится к звукам, используемым в чрезвычайных ситуациях, таких как катастрофы, пожары и эвакуация. Аудиосвязь должна осуществляться таким образом, чтобы привлекать внимание всех. Для этого необходимо четко передавать правильную информацию, используя качество звука, громкость и методы связи, которые отличаются от обычных. Однако, чтобы не вызывать панику среди посетителей, информация должна передаваться спокойным тоном и скоростью с чувством срочности. В этом случае аудиосвязь должна осуществляться таким образом, чтобы все посетители были внимательны и следовали инструкциям. Самое главное — это средства и методы аудиосвязи, которые позволяют посетителям и персоналу воспринимать точную информацию, действовать спокойно и правильно, чтобы избежать паники, и обеспечивать безопасность. Само собой разумеется, что для экстренной эвакуации необходимо регулярно проводить достаточную подготовку.

ジオラマ・パノラマ・人形
Diorama, Panorama, Dolls
Диорама, Панорама, Куклы
ジオラマ
Diorama
Диорама

　ジオラマの原型は 19 世紀フランスで考案された「のぞき箱」だと言われている。19 世紀後半にはロンドン自然史博物館で生態環境ドームに復元展示が行われた。その後、各博物館に取り入れられるようになった。

　The prototype of the diorama is said to be the "peep box" invented in France in the 19th century. In the latter half of the 19th century, a restored diorama was exhibited in an ecological environment dome at the Natural History Museum in London. Since then, it has been adopted by various museums.

　Прототипом диорамы считается « пип-бокс », изобретенный во Франции в XIX веке. Во второй половине XIX века отреставрированная диорама была выставлена в экологическом куполе Музея естественной истории в Лондоне. С тех пор ее использовали различные музеи.

　形状としてはボックスタイプやウォークスルータイプ・吹き抜けタイプなど様々な者がある。映像や音響、照明効果など臨場感を持たすための演出も行われている。

　There are various types of structures, such as box type, walk-through type, and open-ceiling type. Visual, audio, and lighting effects are also used to create a sense of realism.

　Существуют различные типы конструкций, такие как коробчатый тип, проходной тип и тип с открытым потолком. Визуальные, звуковые и световые эффекты также используются для создания ощущения реалистичности.

　近年は様々なメディアを取り込んで、アミューズメント性が高まって

fig.9-8 Diorama,at Tokusatsu Special Effects Museum in MUSEUM OF CONTEMPORARY ART TOKYO

きている。ジオラマの背景にＣＧを投影したり、生態展示とジオラマを組み合わせたり、舞台装置とジオラマを組み合わせてインタラクティブなプログラムを展開している例もある (fig.9-8)。

In recent years, various media have been incorporated to increase the amusement factor. There are examples of interactive programs that combine CG images onto the background of a diorama, ecological exhibits and dioramas, and stage sets and dioramas.

В последние годы различные медиа были включены для увеличения фактора развлечения. Существуют примеры интерактивных программ, которые объединяют изображения CG на фоне диорамы, экологических экспонатов и диорам, а также декораций и диорам.

原寸大の町並みを復元展示を「復元・情景演出展示」として区別することもあるが、これも疑似体験空間であると考えれば、ジオラマ展示の一つと言える。

Life-size restored townscapes are sometimes distinguished as "restored and diorama displays," but if this is also considered a simulated experience space, it can also be considered a type of diorama display.

Восстановленные городские пейзажи в натуральную величину иногда называют « восстановленными и диорамными экспозициями », но если их также считать пространством для имитации впечатлений, то их также можно считать разновидностью диорамной экспозиции.

アミューズメント施設との違いは、アミューズメント施設の造形復元が楽しみを伝えるためのものであるのに対し、博物館のジオラマは学術的な成果や情報を教育的に伝えていることである。

The difference between amusement facilities and museum dioramas is that the structural restorations at amusement facilities are intended to convey enjoyment, while museum dioramas convey academic results and information in an educational way.

Разница между развлекательными сооружениями и музейными диорамами заключается в том, что структурные реставрации в развлекательных сооружениях призваны передавать удовольствие, тогда как музейные диорамы передают научные результаты и информацию в образовательной форме.

パノラマ

Panorama

Панорама

円筒形の内側に風景画を描き、360°の絵画を見せる事を狙った絵画技術の一つとして、18世紀のスコットランドの画家によってつくられた言葉である。全体像が見渡せる写真や視界、模型をパノラマというようになった。パノラマは自然環境を概観できる地形模型や都市模型、歴史模型、未来模型などがあり、全体像の把握に適している (fig.9-9)。

This term was coined by an 18th-century Scottish painter as a painting technique that aims to show a 360-degree painting by painting a landscape inside a cylinder. The term panorama came to refer to photographs, views, and models that show the entire picture. Panoramas include topographical models that give an overview of the natural environment, urban models, historical models, and future models, and are suitable for grasping the overall picture.

Этот термин был придуман шотландским художником XVIII века как техника живописи, которая направлена на то, чтобы показать картину на 360 градусов, рисуя пейзаж внутри цилиндра. Термин панорама стал относиться к фотографиям, видам и моделям, которые показывают всю картину. Панорамы включают топографические модели, которые дают обзор природной среды, городские модели, исторические модели и будущие модели, и подходят для понимания общей картины.

fig.9-9 Panorama mesdag binnen,Netherlands

パノラマは鳥になって360°見渡す鳥瞰図的視点からの設計を行う。どこの範囲をどの程度のディテールで表すのかは、「パノラマによって何を表すのか」という目的によって違ってくる。目的によっては一部を誇張したり、省略したりすることもある。

パノラマにおいても、ＣＧを利用したり、現実空間に仮想空間を反映させた「ミクストリアリティー」も実現化している。

Panoramas are designed from a bird's-eye view, looking out over 360 degrees. The extent to which they are shown and the level of detail depends on the purpose of what is being expressed through the panorama. Depending on the purpose, some parts may be exaggerated or omitted.

Panoramas also make use of CG, and "mixed reality" has been achieved, reflecting virtual space in real space.

Панорамы проектируются с высоты птичьего полета, охватывая более 360 градусов. Степень, в которой они показаны, и уровень детализации зависят от цели, которую выражает панорама. В зависимости от цели некоторые части могут быть преувеличены или опущены.

Панорамы также используют компьютерную графику, и была достигнута « смешанная реальность », отражающая виртуальное пространство в реальном пространстве.

人形
Dolls
Куклы

博物館展示における人形は、その人形が何を表現しているのかによって変わってくる。自然史系の博物館では、過去の人類の形質を復元する「復元人物模型」である。歴史系博物館では、人形自体を見せるためではなく服装や髪型等を展示するための人形で、「人体模型」と呼ばれているものである。

Dolls in museum exhibits vary depending on what they are trying to represent. In natural history museums, they are "human model reconstructions" that recreate the characteristics of past humans. In history museums, they are dolls that are not used to show the dolls themselves, but to display clothing, hairstyles, etc., and are called "human body models."

Куклы в музейных экспозициях различаются в зависимости от того, что они пытаются представить. В музеях естественной истории это « реконструкции человеческих моделей », воссоздающие характеристики людей прошлого. В исторических музеях это куклы, которые используются не для демонстрации самих кукол, а для демонстрации одежды, причесок и т. д., и называются « моделями человеческого тела ».

「人体模型」のかわりに予算の都合などでマネキンを用いている場合もあるが、たとえ人形といえども歴史的考証に基づいた展示を行うことが博物館には求められている。歴史的考証ができない場合などはホワイトキューブの考え方を取り入れ、顔や肌の色、髪などの人物の一切の情報を取り除いた人形を用いる事も一つの手段である。

In some cases, mannequins are used instead of "human models" due to budgetary reasons, but museums are required to display dolls based on historical accuracy. In cases where historical accuracy is not possible, one method is to adopt the concept of the white cube and use dolls that have had all human information removed, such as face, skin color, and hair.

В некоторых случаях вместо « человеческих моделей » используются манекены из-за бюджетных соображений, но музеи обязаны выставлять кукол, основанных на исторической точности. В случаях, когда историческая точность невозможна, один из методов — принять концепцию белого куба и использовать кукол, у которых удалена вся человеческая информация, такая как лицо, цвет кожи и волосы.

人体復元模型では、研究成果の具現化であり、研究者と制作者は緊密な情報交換の上に模型が製作されなければならない。

近年は人形のメカニック化・ロボット化が進み、コンピューター制御によるよりリアルな動きをする人形を製作することができるようになった。

Human body reconstruction models embody the results of research, and so the

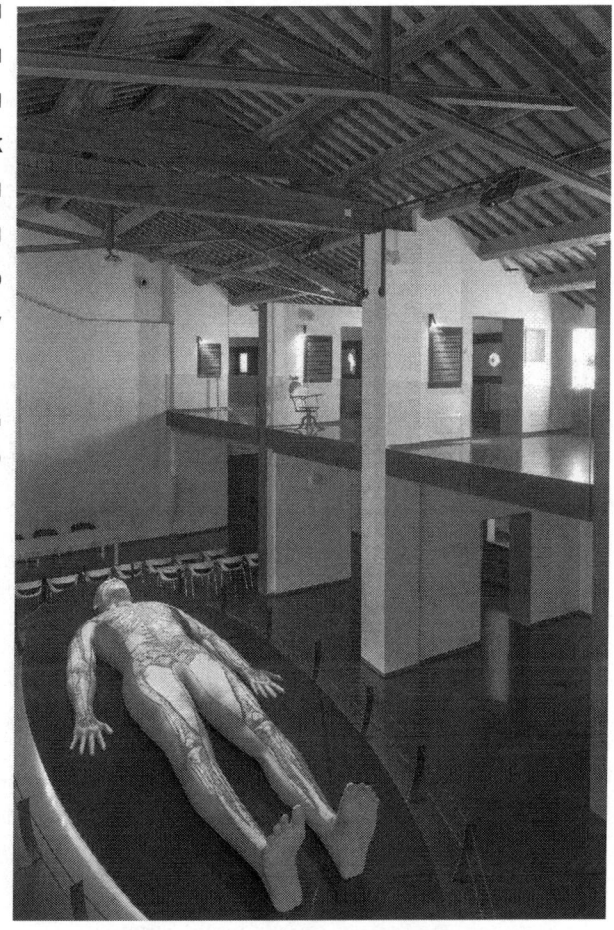

fig.9-10 Museum of the History of Medicine in Padua (MUSME), ITALY

researchers and creators must closely exchange information when creating the model.

In recent years, dolls have become more mechanical and robotic, making it possible to create dolls that move in a more realistic manner through computer control.

Модели реконструкции человеческого тела воплощают результаты исследований, поэтому исследователи и создатели должны тесно обмениваться информацией при создании модели.

В последние годы куклы стали более механическими и роботизированными, что позволяет создавать куклы, которые двигаются более реалистично с помощью компьютерного управления.

パノラマ・ジオラマ・人形はそれぞれお互いの利点を生かしながら、融合して展示を構成している。また、さらに舞台装置も加わり、コンピューター制御やミックスリアリティーなどの発展により、来館者にリアリティーのある仮想体験をもたらす展示となるであろう(fig.9-10)。

Panoramas, dioramas, and dolls are integrated into the exhibit, each taking advantage of their own strengths. Stage equipment will also be added, and with the development of computer control and mixed reality, the exhibit will provide visitors with a realistic virtual experience.

Панорамы, диорамы и куклы интегрированы в экспозицию, каждая из которых использует свои собственные сильные стороны. Также будет добавлено сценическое оборудование, а с развитием компьютерного управления и смешанной реальности экспозиция предоставит посетителям реалистичный виртуальный опыт.

参考引用文献 References
中山隆　2022「4-2　展示資料〜実物・標本・複製〜」『博物館の展示をつくる　展示論』日本展示学会
渡辺珠美　2022「4-3　演示具〜取り付けパーツ〜」『博物館の展示をつくる　展示論』日本展示学会
山森博之、斉藤克己　2022「4-4　展示ケース〜資料を見せる・守る〜」『博物館の展示をつくる　展示論』日本展示学会
和田浩一　2022「4-5　照明と展示資料」『博物館の展示をつくる　展示論』日本展示学会
佐藤公信　2022「4-6　音響〜聴覚情報・雰囲気の創出〜」『博物館の展示をつくる　展示論』日本展示学会
榛沢吉輝　2022「4-7　特殊造形〜ジオラマ・パノラマ・人形〜」『博物館の展示をつくる　展示論』日本展示学会
Hiroaki FURUSHO, 2024, "Lecture note Museology Overview" wasyuppan AMAZON

fig.9-1 Skeleton specimen,Tianjin Natural History Museum, China
https://commons.wikimedia.org/wiki/File:Tianjin_Natural_History_Museum_Lobby.jpg
fig.9-2 Plastinated fish
https://commons.wikimedia.org/wiki/File:Scheibenplastinat.jpg
fig.9-3 model, D-11 12ft wind tunnel test
https://commons.wikimedia.org/wiki/File:MD-11_12ft_Wind_Tunnel_Test.jpg
fig.9-4 Material Fixtures
Photographed and edited by author, Tokyo National Museum, Japan
fig.9-5 Pottery display
Photographed and edited by author, Tokyo National Museum, Japan
fig.9-6 exhibition case, Louvre,France
https://commons.wikimedia.org/wiki/File:Louvre_Greek_antiquities_2.jpg
fig.9-7 A diagram of the electromagnetic spectrum
https://commons.wikimedia.org/wiki/File:EM_Spectrum_Properties_edit.svg
fig.9-8 Diorama,at Tokusatsu Special Effects Museum in MUSEUM OF CONTEMPORARY ART TOKYO
https://commons.wikimedia.org/wiki/File:Miniature_for_Tokusatsu_Films.jpg?uselang=ja
fig.9-9 Panorama mesdag binnen,Netherlands
https://upload.wikimedia.org/wikipedia/commons/0/04/Panorama_mesdag_binnen.jpg
fig.9-10 Museum of the History of Medicine in Padua（MUSME）, ITALY
https://commons.wikimedia.org/wiki/File:Teatro_Anatomico_%E2%80%93_omone_MUSME_Padova.jpg

10. 複合演出
combined effect
комбинированный эффект

展示は様々なメディアを複合化させて無限の情報を来館者に提供することができる。その内容は論理的なものに留まらず、五感に訴えたり、インタラクティブなコミュニケーションをとることもできる(fig.10-1)。

Exhibitions can combine various media to provide visitors with infinite information. The content is not limited to logical content, but can also appeal to the five senses and involve interactive communication.

fig.10-1 Teamlab Borderless Azabudai Hills

Выставки могут сочетать различные медиа, чтобы предоставить посетителям бесконечную информацию. Содержание не ограничивается логическим содержанием, но может также апеллировать к пяти чувствам и включать интерактивное общение.

複合演出では実物、複製、模型などの資料と、グラフィック、映像、照明、音響などの展示技術を複合して、空間軸の演出と時間軸の演出をおこなうことができる。

In acombined effect, materials such as actual objects, replicas, and models can be combined with exhibition techniques such as graphics, video, lighting, and sound to create a spatial and temporal presentation.

В комбинированном эффекте такие материалы, как реальные объекты, копии и модели, могут сочетаться с такими выставочными приемами, как графика, видео, освещение и звук, для создания пространственной и временной презентации.

空間軸を演出する
Produce a spatial axis
Создайте пространственную ось

情景を再構成する展示は空間を演出する展示で、深川江戸資料館のように町並みを復元したものがある。町並みの中に、照明や音響を使って天候や街の雑踏などを表現し、ある一日を短い時間で体験できるような展示がある(fig.10-2)。

Exhibitions that reconstruct scenes are exhibitions that create a space, such as the Fukagawa Edo Museum, which has restored the streetscape. Within the streetscape, there is an exhibition that uses lighting and sound to express the weather, the hustle and bustle of the city, and allows you to experience a day in the life of the city in a short period of time.

Выставки, реконструирующие сцены, — это выставки, которые создают пространство, например, музей Фукукава Эдо, который восстановил городской пейзаж. В городском пейзаже есть выставка, которая использует освещение и звук, чтобы выразить погоду, суету и движение города, и позволяет вам прожить день из жизни города за короткий промежуток времени.

fig.10-2 Seikan world in Yotei-maru,Japan

時間軸の演出する

Producing a time line

Создание временной линии

　青函ワールドは、入館者が復元された街の中の導線を進むことによってドラマ仕立てにされた展示を体験するようになった展示である。これによって船が出航する一時期の緊張感や雑踏感、臨場感を体験する展示となっている。
これらの展示にはシナリオやスコアといった書式を用いて展示の時間軸にそった演出がなされている。

　Seikan World is an exhibition where visitors experience a dramatic exhibit by following a path through a reconstructed city. This allows visitors to experience the tension, bustle, and realism of the moment when the ship departs.
These exhibits are staged along a timeline using a format such as a scenario or score.

　Seikan World — это выставка, где посетители знакомятся с драматической выставкой, следуя по пути через реконструированный город. Это позволяет посетителям ощутить напряжение, суету и реализм момента отплытия корабля.
Эти выставки организованы по временной линии с использованием формата, такого как сценарий или партитура.

参考引用文献 References

福島正和　2022「4-8　複合演出〜情景再現と音・光の演出〜」『博物館の展示をつくる　展示論』日本展示学会

fig.10-1 Teamlab Borderless Azabudai Hills
https://commons.wikimedia.org/wiki/File:TeamLab_Borderless_Azabudai_Hills.jpg?uselang=ja
fig.10-2 Seikan world in Yotei-maru,Japan
https://commons.wikimedia.org/wiki/File:Seikan_world_in_Yotei-maru_20080614_1.jpg#mw-jump-to-license

11. 展示映像
Exhibition footage
Выставочные кадры

　近年、映像・画像・音声・文書などは全てデジタルデーターとして扱えるようになってきており、映像フィルム・画像フィルム・録音テープ・文書資料など、記録媒体の違う資料とは別の取扱いになる。保管資料は記録媒体の違いによって取扱や保管方法が違い、それぞれに別の資料として注意が必要であるが、ここでは保存管理資料としての取扱ではなく、展示資料としてデジタルデーターに変換された資料、若しくは原資料（オリジナルデーター）自体デジタルデーターとして作成された資料の、展示映像としての取扱について言及する。

In recent years, video, images, audio, documents, etc. have all become capable of being handled as digital data, and are handled differently from materials on different recording media, such as video film, image film, audio tape, and document materials. Storage materials are handled and stored in different ways depending on the recording medium, and each requires separate attention, but here we will not be talking about how they are handled as storage materials, but rather about how they are handled as exhibition footage, whether that is materials that have been converted into digital data as exhibition materials, or materials whose original data themselves have been created as digital data.

В последние годы видео, изображения, аудио, документы и т. д. стали пригодными для обработки как цифровые данные, и обрабатываются иначе, чем материалы на разных носителях записи, таких как видеопленка, фотопленка, аудиокассета и документальные материалы. Материалы для хранения обрабатываются и хранятся по-разному в зависимости от носителя записи, и каждый требует отдельного внимания, но здесь мы не будем говорить о том, как они обрабатываются как материалы для хранения, а скорее о том, как они обрабатываются как выставочные кадры, будь то материалы, которые были преобразованы в цифровые данные как выставочные материалы, или материалы, исходные данные которых сами были созданы как цифровые данные.

　博物館における映像資料は、収集保存・調査研究のための一次映像資料と、展示公開・教育普及のための二次資料とに分けられる。

Visual materials in museums are divided into primary visual materials for collection, preservation, and research, and secondary materials for exhibition and educational outreach.

Визуальные материалы в музеях делятся на первичные визуальные материалы для коллекционирования, сохранения и исследования и вторичные материалы для выставок и образовательных целей.

　第一次資料としては
1，肉眼では視認できない現象で、特殊な手法で映像化したもの
2，言語表現のみでは不十分なために映像を必要とするもの

3，極めてまれにしか起こらない現象
4，社会から消え去ろうとしているもの

Primary sources are
1. Phenomena that cannot be seen with the naked eye and are visualized using special techniques
2. Phenomena that require images because verbal expression alone is insufficient
3. Phenomena that occur very rarely
4. Phenomena that are on the verge of disappearing from society

fig.11-1 Danses d'Okinawa,Japan

Первичные источники:
1. Явления, которые невозможно увидеть невооруженным глазом и визуализируются с помощью специальных методов
2. Явления, требующие изображений, поскольку одного словесного выражения недостаточно
3. Явления, которые происходят очень редко
4. Явления, которые находятся на грани исчезновения из общества

例えば民俗芸能では、伝承が難しくなってきた祭りや踊りは、その場で生産消費されてしまい、大半は物質として残らない、また、言葉での説明では伝達が難しい。したがって、映像による記録保存そして活用が有効である。これらの映像資料は資料としての価値が高く、一次資料と言える。また、映画や写真もそれ自体が芸術作品・映像作品であり、一次資料である。このようにオリジナルデーターのことを一次資料と呼ぶ(fig.11-1)。

For example, in the case of folk performing arts, festivals and dances that are becoming difficult to pass on are produced and consumed on the spot, and most do not remain in physical form, and it is also difficult to convey them through verbal explanations. Therefore, recording and preserving them through video is effective. These video materials have high value as documents and can be considered primary sources. Films and photographs are also works of art and video works in themselves, and are primary sources. Original data like this is called a primary source.

Например, в случае народного исполнительского искусства, праздники и танцы, которые становится трудно передавать, производятся и потребляются на месте, и большинство из них не сохраняются в физической форме, и их также трудно передать посредством словесных объяснений. Поэтому эффективна их запись и сохранение на видео. Эти видеоматериалы имеют высокую ценность как документы и могут считаться первичными источниками. Фильмы и фотографии также являются произведениями искусства и видеоработами сами по себе и являются первичными источниками. Такие оригинальные данные называются первичным источником.

二次資料とは展示のメッセージを効果的に伝える目的で制作されたり、一次資料のコピーとして製作された映像資料である。オリジナルのデーターをそのまま加工せずにコピー

したデーターも基本的には二次資料であるが（厳密にはコピーした段階で加工が加えられたと考えられる）、ただし、展示などのために加工されたデーターと区別して、1.5 次資料とよぶこともある（アナログデーターを加工せずにデジタル変換したときも 1.5 次資料と呼ぶこともある）(fig.11-2)。

Secondary sources are video materials created for the purpose of effectively conveying the message of an exhibition, or made as copies of primary sources. Data copied from the original data without any processing is also basically a secondary source (strictly speaking, processing is considered to have been added at the stage of copying), but they are sometimes called 1.5 sources to distinguish them from data that has been processed for exhibitions, etc.

fig.11-2 One Ainu man and bear (copy)

(Analog data converted to digital without processing is also sometimes called 1.5 sources).

Вторичные источники — это видеоматериалы, созданные с целью эффективной передачи сообщения выставки или сделанные как копии первичных источников. Данные, скопированные с исходных данных без какой-либо обработки, также по сути являются вторичными источниками (строго говоря, обработка считается добавленной на этапе копирования), но их иногда называют 1,5-источниками, чтобы отличать их от данных, обработанных для выставок и т. п. (Аналоговые данные, преобразованные в цифровые без обработки, также иногда называют 1,5-источниками).

展示や説明用などのために制作されたデーターは加工が施されているので、二次資料である。この場合、一次資料の一部を取り出したり、CG やアニメーション、図版などを加えて加工し、視聴者が理解しやすいように工夫する。

展示用の二次映像資料作成には視聴者へのアプローチの観点から、役割と方法について検討する必要がある。ただし、映像展示の役割と方法を検討するにあたって、最も大切なのは展示の目的である。展示の目的を明確にすることによって役割と方法を決定できる。

Data created for exhibitions or explanations is processed and is therefore a secondary source. In this case, parts of the primary source are extracted and processed by adding CG, animation, illustrations, etc. to make it easier for the viewer to understand.

When creating secondary video materials for exhibitions, it is necessary to consider the role and method from the perspective of how to approach the viewer. However, when considering the role and method of exhibiting a video, the most important thing is the purpose of the exhibition. The role and method can be determined by clarifying the purpose of the exhibition.

Данные, созданные для выставок или объяснений, обрабатываются и, следовательно, являются вторичным источником. В этом случае части первичного источника извлекаются и обрабатываются путем добавления CG, анимации, иллюстраций и т. д., чтобы сделать их более понятными для зрителя.

При создании вторичных видеоматериалов для выставок необходимо учитывать роль и метод с точки зрения того, как подойти к зрителю. Однако при рассмотрении роли и метода показа видео самым важным является цель выставки. Роль и метод можно определить, прояснив цель выставки.

役割

Role

Роль

展示映像はそれ単独で成立しているものではなく、展示展開の中で、実物資料・ジオラマ・パノラマ・人形・音響など他の展示方法と融合しながら展示を構成している。したがって、映像がどのような役割を担うのかを明確にする必要がある。展示における映像の役割とは次のようなものがある。

Exhibition videos do not stand alone, but are integrated with other display methods such as actual materials, dioramas, panoramas, dolls, and sound in the course of an exhibition. Therefore, it is necessary to clarify the role that the video plays. The roles of video in an exhibition are as follows:

Выставочные видео не являются самостоятельными, а интегрируются с другими методами показа, такими как фактические материалы, диорамы, панорамы, куклы и звук в ходе выставки. Поэтому необходимо прояснить роль, которую играет видео. Роли видео на выставке следующие:

1，実物資料と同じくコレクションされた資料として展示される、資料性・希少性が高い映像資料
2，実物資料を補足説明するため
3，実物資料同士の関連を説明するため
4，実物資料が展示できないため代わりに展示される
5，展示物がもともと置かれていた環境を示すため
6，展示内容に関する様々な現象を解説する
7，展示ストーリー上のあるエリア全体の考え方を示す
8，展示施設全体のメッセージや概要を伝える
9，来館者の注意喚起し、展示物をより効果的に見せる演出に利用するため
10，展示とは別に独立したメッセージを伝える
11，博物館外のメディアで使用する広告のため

1. Highly valuable and rare video materials that are exhibited as part of a collection in the same way as the actual materials
2. To provide supplementary explanations to the actual materials
3. To explain the relationship between the actual materials
4. To be displayed instead of the actual materials that cannot be exhibited
5. To show the environment in which the exhibits were originally placed
6. To explain various phenomena related to the exhibit content
7. To show the overall concept of a certain area in the exhibition story
8. To convey the message or overview of the entire exhibition facility
9. To draw the attention of visitors and to be used to make the exhibits look more effective
10. To convey a message independent of the exhibits
11. To be used for advertising in media outside the museum

1. Высокоценные и редкие видеоматериалы, которые экспонируются как часть коллекции таким же образом, как и фактические материалы
2. Для предоставления дополнительных пояснений к фактическим материалам
3. Для объяснения взаимосвязи между фактическими материалами
4. Для демонстрации вместо фактических материалов, которые не могут быть экспонированы
5. Для показа среды, в которой изначально были размещены экспонаты
6. Для объяснения различных явлений, связанных с содержанием экспоната
7. Для показа общей концепции определенной области в истории выставки
8. Для передачи сообщения или обзора всего выставочного объекта
9. Для привлечения внимания посетителей и для использования для придания экспонатам более эффективного вида
10. Для передачи сообщения, независимого от экспонатов
11. Для использования в рекламных целях в СМИ за пределами музея

また、展示映像にはその特性から長所と短所がある事を理解しなければならない。

It is also important to understand that exhibition videos have both advantages and disadvantages due to their characteristics.

Важно также понимать, что выставочные видеоролики имеют как преимущества, так и недостатки в силу своих характеристик.

長所
説明では難しい事も映像・画像で見ることによって視聴者はすぐに理解できる。
時系列による順序立てた解説が可能である。
空間の制約を受けない情報量を提供できる
動きのある展示を提供できる
来館者が参加できる展示方法が用意できる
データーのバックアップ・再生産が容易にできる（データーの劣化・破損をあまり気にしなくて良い）。

Pros.

What is difficult to explain can be quickly understood by the viewer through video and images.
Can provide a chronological and sequential explanation.
Can provide a volume of information that is not restricted by space.
Can provide exhibitions with movement.
Can provide exhibition methods that allow visitor participation.
Data can be easily backed up and reproduced (without much concern for deterioration or damage to the data).

Плюсы.

То, что трудно объяснить, может быть быстро понято зрителем с помощью видео и изображений.

Может предоставить хронологическое и последовательное объяснение.

Может предоставить объем информации, не ограниченный пространством.

Может обеспечить выставки движением.

Может предоставить методы выставки, которые позволяют посетителям участвовать.

Данные можно легко резервировать и воспроизводить (без особой заботы об ухудшении или повреждении данных).

短所
来館者の時間を拘束する
時系列データーの一覧性がない
文字が多いと見づらい
詳細情報の伝達には不向きである
参加型展示には多くの来館者を参加させることができない

Disadvantages

Time-consuming for visitors

Lack of chronological data listing

Difficult to read when there is a lot of text

Not suitable for conveying detailed information

Cannot involve a large number of visitors in participatory exhibitions

Недостатки

Отнимает много времени у посетителей

Отсутствие хронологического перечисления данных

Сложно читать при большом количестве текста

Не подходит для передачи подробной информации

Невозможно привлечь большое количество посетителей к участию в выставках

次に展示映像の方法として、
実物資料と見比べる
着席して視聴してもらう
通り過ぎる観覧者を立ち止まらせる

詳しく知りたい人にだけ見せる
などがある。

Next, the methods of displaying the video include
comparing it with the actual material,
having viewers sit down to watch it,
making viewers stop and take a look as they pass by,
and showing it only to those who want to know more, etc.

Далее, как метод выставочного видео,
Сравните с фактическими материалами
Пусть они сядут и послушают.
Останавливает проходящих мимо зрителей
Показывать только тем, кто хочет знать больше
и т. д.

　実際の映像展示は、目的に沿って映像展示にどのような役割をもたせるかによって、導線、滞留時間、視野の占有率などが決定し、それによって映像展示の方法が決まり、さらに利用するハードウエアや二次映像資料の内容が決まる。

In actual video exhibits, the flow of visitors, dwell time, and percentage of the field of view are determined based on the role of the video exhibit in accordance with the objectives, which in turn determines the method of exhibiting the video and, in turn, the hardware and content of the secondary video materials to be used.

В реальных видеоэкспозициях поток посетителей, время пребывания и процент поля зрения определяются на основе роли видеоэкспозиции в соответствии с целями, что, в свою очередь, определяет способ демонстрации видео и, в свою очередь, аппаратное обеспечение и содержание используемых вторичных видеоматериалов.

参考引用文献 References
河石勇　2022「4-10　展示映像〜映像展示資料と展示メッセージ〜」『博物館の展示をつくる　展示論』日本展示学会

fig.11-1 Danses d'Okinawa,Japan
https://commons.wikimedia.org/wiki/File:Danses_d%E2%80%99Okinawa_(_mus%C3%A9e_Guimet,_Paris)_(_11132512636)_.jpg?uselang=ja
fig.11-2 One Ainu man and bear(copy)
https://commons.wikimedia.org/wiki/File:One_Ainu_man_and_bear.JPG?uselang=ja

12. 実験装置
Experimental Equipment
Экспериментальное оборудование

科学博物館は「物事を客観的に見つめ、論理的に思考し、自ら計画的に行動するという、科学的思考を育む」ためにあり、利用者に「科学原則や法則」の理解を促し、豊かな創造性や感受性・好奇心を育み、思考する能力を向上させることが本来の目的とされている (fig.12-1)。

Science museums exist to "foster scientific thinking - looking at things objectively, thinking logically, and taking action in a planned manner." Their original purpose is to encourage visitors to understand "scientific principles and laws," to develop rich creativity, sensitivity, and curiosity, and to improve their ability to think.

Научные музеи существуют для того, чтобы « способствовать научному мышлению — объективному взгляду на вещи, логическому мышлению и выполнению действий планомерно ». Их первоначальная цель — побудить посетителей понять « научные принципы и законы », развить богатое творчество, восприимчивость и любопытство, а также улучшить их способность мыслить.

fig.12-1 The New Balance Climb at Boston Children's Museum

科学博物館の実験装置は「驚愕と感動」を与えるものであり、感動によって思考を誘発する装置といえる。また、実験装置でありながら安全性を伴う、芸術品・工業製品・玩具であり、エンターテイメントでなければならない。

The experimental equipment in science museums is meant to "wow and impress" people, and to stimulate their thinking through excitement. Furthermore, while it is experimental equipment, it must be safe, a work of art, an industrial product, a toy, and entertainment.

Экспериментальное оборудование в научных музеях призвано « удивлять и впечатлять » людей и стимулировать их мышление посредством волнения. Кроме того, хотя это экспериментальное оборудование, оно должно быть безопасным, произведением искусства, промышленным продуктом, игрушкой и развлечением.

操作性とレスポンス

Operability and responsiveness

Удобство использования и отзывчивость

　博物館の実験装置に求められるのは、とくに操作性とレスポンスである。簡単な操作で顕著な現象が瞬時に観察できることが重要である。

　体の一部や服の一部を拡大鏡で約 200 倍に拡大される実験は人気がある。直感的な操作で瞬時に 200 倍の世界を見ることができることは、日常の世界が非日常の世界になる体験が瞬時にできるからである。

　操作性はユニバーサルデザインと照らし合わせて検討し、難解な操作が必要ない直感的操作で行えるようにしなければならない。

What is particularly required of experimental equipment in museums is operability and responsiveness. It is important that remarkable phenomena can be observed instantly with simple operation.

An experiment in which a part of the body or part of clothing is magnified about 200 times with a magnifying glass is popular. Being able to instantly see the world 200 times larger with intuitive operation provides an experience where the everyday world instantly becomes an extraordinary world.

Operability must be considered in light of universal design, and it must be possible to operate intuitively without the need for complex operations.

Что особенно требуется от экспериментального оборудования в музеях, так это удобство использования и отзывчивость. Важно, чтобы замечательные явления можно было наблюдать мгновенно с помощью простого управления.

Популярен эксперимент, в котором часть тела или часть одежды увеличивается примерно в 200 раз с помощью увеличительного стекла. Возможность мгновенно увидеть мир в 200 раз больше с помощью интуитивного управления обеспечивает опыт, в котором повседневный мир мгновенно становится необычным миром.

Удобство использования необходимо рассматривать в свете универсального дизайна, и должно быть возможно интуитивное управление без необходимости сложных операций.

体感性

Physical sensation

Физическое ощущение

　五感を駆使して体感で理解できる実験が博物館の実験装置には求められている。ペダルをこいだり、手で回したりすることによって風を起こしたり、電気を起こしたりすることが体験できるようにする実験装置は体全体で体験できる装置である (fig.12-2)。

Experimental equipment in museums is required to be able to use the five senses and understand through physical sensation. Experimental equipment that allows you to experience generating wind or electricity by pedaling or turning it with your hands is a device that can be experienced with the whole body.

Экспериментальное оборудование в музеях необходимо для использования пяти чувств и понимания посредством физического ощущения. Экспериментальное оборудование, позволяющее вам испытать генерацию ветра или электричества, вращая педали или поворачивая его руками, — это устройство, которое можно испытать всем телом.

美しくて大きい
Beautiful and large
Красивый и большой

自然界の現象や万華鏡など、普段は体験できない現象を、大きな規模に拡大して体験できる装置は幻想的な空間を醸し出し、人々に感動を呼ぶ(fig.12-3)。

The devices allow visitors to experience natural phenomena, kaleidoscopes, and other phenomena that they would not normally be able to experience on a large scale, creating a fantastical space that moves people.

Устройства позволяют посетителям увидеть природные явления, калейдоскопы и другие явления, которые они обычно не могут увидеть в большом масштабе, создавая фантастическое пространство, которое трогает людей.

fig.12-2 Wind-powered machine, Munich Children's Museum.Germany

fig.12-3 A girl in the "Mirror Cube" ,Extavium Potsdam,Germany

コミュニケーションと共同作業
Communication and collaboration
Общение и сотрудничество

以前は利用者と実験装置は1対1の関係であったが、近年は利用者が共同作業を行う事によって成り立つ実験装置も誕生している。この場合、共同作業が行えないと実験が成立

せず、一時的にせよ、コミュニケーションと来館者の連帯感を創出でき、エンターテインメント性が向上する（fig.12-4）。

Whereas previously there was a one-to-one relationship between the user and the experimental installation, in recent years some experimental installations have emerged in which the users are able to collaborate with each other. In this case, the experiment cannot take place if there is no collaboration, and this can create communication and a sense of solidarity among visitors, even if only temporarily, and improves the entertainment value.

fig.12-4 Romanian Cultural Festival at Maryhill Museum of Art, USA

Если раньше между пользователем и экспериментальной установкой существовали отношения один на один, то в последние годы появились экспериментальные установки, в которых пользователи могут сотрудничать друг с другом. В этом случае эксперимент не может состояться, если нет сотрудничества, и это может создать коммуникацию и чувство солидарности среди посетителей, даже если только временно, и повысить развлекательную ценность.

実験装置があらわす「原理・定理」はそれを知っているだけでは、単なる知識であり、特に入館者の既知の原理・定理では実験装置で体験しても、学習の反復でしかない。その原理・定理が生活の中でどのように役に立っているのかという「解説」がともなうことが大切である。実験では観察→問題提起→仮説→実証実験→考察という自己内対話型の行程をたどるが、利用者に問題意識がなければ、実験という行動に移ることはない。この場合、インタープリターなどの解説者が参入すると展示効果は飛躍的に向上する。

Simply knowing the "principles and theorems" that the experimental equipment represents is merely knowledge, and even if visitors experience principles and theorems with the experimental equipment, it is merely a repetition of learning, especially if the principles and theorems are already known to them. It is important that the principles and theorems are accompanied by an "explanation" of how they are useful in daily life. In an experiment, visitors follow an internal dialogue-type process of observation → problem presentation → hypothesis → demonstration experiment → consideration, but if the visitor does not have a sense of problem awareness, they will not take action to conduct an experiment. In this case, the effectiveness of the exhibition is dramatically improved if an interpreter or other explainer is involved.

Простое знание « принципов и теорем », которые представляет экспериментальное оборудование, является всего лишь знанием, и даже если посетители испытывают принципы и теоремы с помощью экспериментального оборудования, это всего лишь повторение обучения, особенно если принципы и теоремы им уже известны. Важно, чтобы принципы и теоремы сопровождались « объяснение м » того, как они полезны в повседневной жизни. В эксперименте посетители следуют процессу типа внутреннего диалога: наблюдение → представление проблемы → гипотеза → демонстрационный эксперимент → рассмотрение, но если у посетителя нет чувства осознания проблемы, он не будет предпринимать действий для проведения эксперимента. В этом случае эффективность выставки резко повышается, если задействован переводчик или другой объяснитель.

展示実験は「装置」と「解説」「運営」が一体となって形成されるべきであり、実験装置だけの展示では十分な展示効果が得られない。「体験を知的欲求へ導き、深めて発展させる」一連の仕組みが必要であり、解説を含む展示実験シナリオの運営がシステム化され、場合によっては、インタープリターなどの解説者が介入して行われることによってエンターテインメント性や展示効果が向上する。

An exhibition experiment should be formed by combining "equipment," "explanation," and "management," and an exhibition of only the experimental equipment will not be effective enough. A series of mechanisms that "guide the experience to intellectual desire and deepen and develop it" is necessary, and the management of the exhibition experiment scenario, including explanation, should be systematized, and in some cases, the entertainment value and effectiveness of the exhibition should be improved by having an interpreter or other commentator intervene.

Эксперимент по выставке должен быть сформирован путем объединения « оборудования », « объяснения » и « управления », а выставка только экспериментального оборудования не будет достаточно эффективной. Необходим ряд механизмов, которые « направляют опыт к интеллектуальному желанию и углубляют и развивают его », а управление сценарием эксперимента по выставке, включая объяснение, должно быть систематизировано, а в некоторых случаях развлекательная ценность и эффективность выставки должны быть улучшены за счет вмешательства переводчика или другого комментатора.

参考引用文献 References

成田秀樹　2022「4-11　実験装置～科学現象体験装置～」『博物館の展示をつくる　展示論』日本展示学会

fig.12-1 The New Balance Climb at Boston Children's Museum
https://commons.wikimedia.org/wiki/File:NB_Climb.JPG?uselang=ja
fig.12-2 Wind-powered machine, Munich Children's Museum.Germany
https://commons.wikimedia.org/wiki/File:Kindermuseum_Mch_Windmaschine.jpg?uselang=ja
fig.12-3 A girl in the "Mirror Cube" ,Extavium Potsdam,Germany
https://commons.wikimedia.org/wiki/File:Extavium_Ausstellung_2.jpg?uselang=ja
fig.12-4 Romanian Cultural Festival at Maryhill Museum of Art, USA
https://commons.wikimedia.org/wiki/File:Children%27s_art_activities_-_2018_Romanian_Cultural_Festival_at_Maryhill_Museum_of_Art.jpg

13. 実演とトーク
Demonstrations and talks
Демонстрации и беседы

展示は来館者に情報を伝える手段であるが、展示だけでは、往々にして一方通行になりがちで、効果的に情報を伝達することは容易ではない。元来、人間は社会的動物であり、人と人とのコミュニケーションによって社会を形成し生存てきた。したがって、人間に話しかけられた場合、無意識のうちに相手の目を感じ、話の内容や熱量に興味を持ち、共感と感動、そして情報の伝達が行われる。

fig.13-1 A guided tour group at the Soumaya Museum in Mexico City, Mexico

博物館における実演やトークはこのように、人間の社会性に訴えた教育効果が期待できる。ただし、話の内容は、聞き手の年齢や社会的スタンス、社会階層、教育レベル、知識レベルなどを考慮して、ニーズに合ったものでなければならない。また、言語だけではなく、解説者の身振り手振りなどのジェスチャーや、間合いなどの非言語的情報を介入させ、情報の内容に興味が持てる、楽しい情報伝達空間を形成することが大切である。好意的な情報伝達空間を形成するには技術があり、解説者はトレーニングが必要となる。また、情報伝達方法は解説者から聞き手側への一方通行ではなく、双方向の情報伝達が可能で、解説者は聞き手のレベルに合わせた即時対応力とコミュニケーション力も必要である。これらはある程度、マニュアル化と訓練ができる部分もある (fig.13-1)。

Exhibitions are a way to convey information to visitors, but with exhibitions alone, it is often one-way and it is not easy to convey information effectively. Humans are originally social animals, and have formed and survived in society through communication between people. Therefore, when a human is spoken to, we unconsciously feel the other person's eyes, become interested in the content and enthusiasm of the talk, and empathize, are moved, and information is transmitted. In this way, demonstrations and talks in museums can be expected to have an educational effect that appeals to human sociality. However, the content of the talk must be suited to the needs of the listener, taking into consideration the age, social stance, social class, educational level, and knowledge level of the listener. In addition, it is important to intervene not only through language, but also through the interpreter's gestures and non-verbal information such as spacing, to create an enjoyable information transmission space where the listener is interested in the content of the information. It takes skill to create a friendly information transmission space, and the interpreter needs training. In addition, the method of information transmission is not one-way from the interpreter to the listener, but two-way information transmission is possible, and the interpreter needs to have the ability to respond immediately and communicate according to the listener's level. To some extent, some of these things can be manualized and trained.

Выставки — это способ донести информацию до посетителей, но с выставками это часто односторонний способ, и нелегко эффективно донести информацию. Люди изначально являются социальными животными и сформировались и выжили в обществе посредством общения между людьми. Поэтому, когда с человеком говорят, мы бессознательно чувствуем взгляд другого человека, интересуемся содержанием и энтузиазмом разговора, сопереживаем, трогаемся, и информация передается. Таким образом, можно ожидать, что демонстрации и беседы в музеях будут иметь образовательный эффект, который апеллирует к человеческой социальности. Однако содержание беседы должно соответствовать потребностям слушателя, принимая во внимание возраст, социальную позицию, социальный класс, уровень образования и уровень знаний слушателя. Кроме того, важно вмешиваться не только через язык, но и через жесты переводчика и невербальную информацию, такую как интервалы, чтобы создать приятное пространство передачи информации, в котором слушатель заинтересован в содержании информации. Требуется мастерство, чтобы создать дружественное пространство для передачи информации, и переводчику необходимо обучение. Кроме того, метод передачи информации не является односторонним от переводчика к слушателю, но возможна двусторонняя передача информации, и переводчик должен иметь возможность немедленно реагировать и общаться в соответствии с уровнем слушателя. В какой-то степени некоторые из этих вещей можно мануализировать и обучить.

人による実演や解説は、専用空間で行われる場合と既存の展示空間で行われる場合がある。

Live demonstrations and explanations may take place in dedicated spaces or in existing exhibition spaces.

Живые демонстрации и объяснения могут проходить в специально отведенных помещениях или на существующих выставочных площадях.

専用空間での解説
Explanations in a dedicated space
Объяснения в специальном пространстве

専用空間で行われるものとしては、化学実験の実演、ワークショップなどがある。来館者は解説を聞き、実際に実験やワークショップを楽しみながらおこなうことができる。また、動物園や水族館では動物とトレーナーとのショウも動物の生態や習性を知ることができる人気のアトラクシ

fig.13-2 Dolphin show at Zoomarine, Portugal

ョンである(fig.13-2)。その他、演劇専用のスペースで解説専用のスペースで寸劇仕立てや解説専門員の解説を楽しむことも可能である。

Specialized spaces include demonstrations of chemical experiments and workshops. Visitors can listen to explanations and enjoy the experiments and workshops themselves. Also, at zoos and aquariums, shows featuring animals and trainers are popular attractions that allow visitors to learn about the ecology and habits of animals. In addition, it is possible to enjoy skits and explanations by expert guides in special spaces for theater and explanations.

Специализированные пространства включают демонстрации химических экспериментов и мастер-классы. Посетители могут слушать объяснения и наслаждаться самими экспериментами и мастер-классами. Кроме того, в зоопарках и аквариумах шоу с участием животных и дрессировщиков являются популярными аттракционами, которые позволяют посетителям узнать об экологии и повадках животных. Кроме того, можно насладиться сценками и объяснениями опытных гидов в специальных пространствах для театра и объяснений.

一般展示空間での解説

Explanations in the general exhibition space

Объяснения в общем выставочном пространстве

学芸員や専門ボランティアによるいわゆる展示解説「ギャラリートーク」といわれるものに代表される。ガイドツアーやバックヤードツアーなどのプログラムも用意されている。見所を短時間で観覧でき、解説付きで理解を深めるという利点から、団体客などにも人気がある。ゲスト解説者を呼んだりすることにより、特別ツアーとして特別感・贅沢感のあるツアーを企画することもできる。展示に合わせたコスチュームを用意したり、寸劇や人形劇、紙芝居を利用するなど、楽しい情報伝達空間を演出することもできる。コスチュームは解説者の目印となり、導線の案内やツアー時間の調整も容易になる。

展示空間での解説は大規模な追加施設を必要とせずに教育普及効果を上げられるが、展示計画段階から、ツアーを想定してゆとりある導線空間を計画する必要がある。

This is typically what is known as a "gallery talk" where curators or specialized volunteers give explanations about the exhibits. Programs such as guided tours and backyard tours are also available. They are popular with groups because they allow visitors to see the highlights in a short amount of time and deepen their understanding with explanations. By inviting guest commentators, it is possible to plan special tours that have a special and luxurious feel. It is also possible to create a fun information transmission space by preparing costumes that match the exhibits and using skits, puppet shows, and picture-story shows. Costumes serve as a marker for the commentator, making it easier to guide visitors and adjust tour times.

Explanations in the exhibition space can be effective in raising education and spreading awareness without requiring large-scale additional facilities, but it is necessary to plan ample space for visitors to take part in tours from the exhibition planning stage onwards.

бычно это то, что известно как « галерейная беседа », когда кураторы или специализированные волонтеры дают объяснения об экспонатах. Также доступны такие программы, как экскурсии с гидом и экскурсии по двору. Они популярны среди групп, потому что позволяют посетителям увидеть основные моменты за короткий промежуток времени и углубить свое понимание с помощью объяснений. Приглашая гостей-комментаторов, можно планировать специальные туры, которые имеют особую и роскошную атмосферу. Также можно создать забавное пространство для передачи информации, подготовив костюмы, соответствующие экспонатам, и используя сценки, кукольные представления и показы историй с картинками. Костюмы служат маркером для комментатора, облегчая руководство посетителями и корректировку времени экскурсии.

Объяснения в выставочном пространстве могут быть эффективными для повышения уровня образования и распространения осведомленности, не требуя масштабных дополнительных объектов, но необходимо планировать достаточно места для посетителей, чтобы принять участие в экскурсиях, начиная со стадии планирования выставки.

国立科学博物館では、300人を超えるボランティアが活動登録を行い、毎日ガイドツアーや展示案内を館内各所で行い、実演や観察、工作などのイベントも定期的に行っている。

At the National Museum of Nature and Science in Tokyo, over 300 volunteers are registered and provide daily guided tours and exhibition guidance around the museum, as well as regular events such as demonstrations, observations and crafts.

В Национальном музее природы и науки в Токио зарегистрировано более 300 волонтеров, которые ежедневно проводят экскурсии и экскурсоводов по музею, а также регулярно организуют такие мероприятия, как демонстрации, наблюдения и мастер-классы.

参考引用文献 References

有田寛之 2022「4-12 実演とトーク～専用の空間・一般の空間～」『博物館の展示をつくる 展示論』日本展示学会

fig.13-1 A guided tour group at the Soumaya Museum in Mexico City, Mexico
https://en.wikipedia.org/wiki/Museum#/media/File:Segundo_Editat%C3%B3n_Soumaya_Abierto_01.JPG
fig.13-2 Dolphin show at Zoomarine, Portugal
https://commons.wikimedia.org/wiki/File:Dolphin_Show_（19014969713）.jpg

14. インタラクティブ展示
Interactive exhibits
Интерактивные экспонаты

インタラクティブとは「双方向の」という意味で、インタラクティブ展示とは、利用者がコンピューターへの支持を行い、その支持に対し、コンピューターは結果を出す。コンピューターの結果を受けて利用者は次の操作を決定するという。 コンピューターと利用者との間で相互作用が生まれる展示のことである。コンピューターゲームのように操作によって状況や内容が変化し、それに合わせて次の操作を行うものがインタラクティブと呼ばれます(fig.14-1)。

fig.14-1 LOPLITE, de Muchomedia

Interactive means "two-way." In an interactive exhibit, the user gives instructions to the computer, and the computer responds by giving a result. The user decides on the next action to take based on the computer's result. This is an exhibit that creates interaction between the computer and the user. An exhibit that changes the situation or content depending on the operation, such as a computer game, and the next action is taken accordingly, is called interactive.

Интерактивный означает « двусторонний ». В интерактивном экспонате пользователь дает инструкции компьютеру, а компьютер отвечает, выдавая результат. Пользователь принимает решение о следующем действии, основываясь на результате компьютера. Это экспонат, который создает взаимодействие между компьютером и пользователем. Экспонат, который изменяет ситуацию или содержание в зависимости от операции, например, компьютерная игра, и следующее действие выполняется соответствующим образом, называется интерактивным.

富山県立美術館では、利用者が特定の場所に立ち体を動かすと白い壁に動きに合わせて線が描き出される(fig.14-2)。

At the Toyama Prefectural Museum of Art and Design, when visitors stand in specific places and move their bodies, lines are drawn on the white wall in response to their movements.

В Музее искусств и дизайна префектуры Тояма, когда посетители стоят в определенных местах и двигаются, на белой стене рисуются линии в ответ на их движения.

インタラクティブ展示は、利用者が自分の意志で行う事によって成り立つ展示なので、利用者だけの特別の展示であり、また、その場限りであり再現性がない。したがって独自性と、エンターテインメント性が高く、利用者に人気があり、集客にもつながる。ロールプレイングゲームの手法を利用して質問に答えてもらい、正解者にアイテムを与えるなど

の方法で報酬を与え、個人・団体でゴールを目指す、というように教育的価値を付加することも可能である。

Interactive exhibits are created by the users themselves, so they are special exhibits only for the users, and are one-off and cannot be reproduced. Therefore, they are highly original and entertaining, popular with users, and attract visitors. It is also possible to add educational value by having users answer questions using role-playing game techniques, rewarding those who answer correctly by giving items, and having individuals or groups aim for a goal.

Интерактивные экспонаты создаются самими пользователями, поэтому они являются специальными экспонатами только для пользователей, являются уникальными и не могут быть воспроизведены. Поэтому они очень оригинальны и интересны, популярны среди пользователей и привлекают посетителей. Так же можно добавить образовательную ценность, заставляя пользователей отвечать на вопросы, используя приемы ролевой игры, вознаграждая тех, кто отвечает правильно, выдавая предметы и заставляя отдельных лиц или группы стремиться к цели.

fig.14-2 Toyama Prefectural Museum of Art and Design

参考引用文献 References
西山健一　2022「4-13　インタラクティブ展示〜来館者との対話〜」『博物館の展示をつくる　展示論』日本展示学会

fig.14-1 LOPLITE, de Muchomedia
https://commons.wikimedia.org/wiki/File:LOPLITE,_de_Muchomedia-2.jpg?uselang=ja
fig.14-2 Toyama Prefectural Museum of Art and Design
Photographed and edited by author

15. ハンズオン展示
Hands-on exhibits
Экспонаты, которые можно трогать руками

　博物館の展示資料は、ほとんどが観察するだけで触れることができない。ハンズオン展示とは手で触って扱える展示のことで、触覚に訴える展示である。五感を利用して物事を把握しようとする子供本来の好奇心や行動に答え学習の動機付けになる事が期待できる(fig.15-1)。実験や検索、めくる、開くといった動きを伴う展示のほか、動物園で小動物をだいてみる体験会や、恐竜の骨を発掘する展示、再現空間への没入体験などがあり、参加体験型展示となっている。私も小学校の頃、遺跡の発掘調査に学校で見学に行ったことから考古学者を目指した経緯があり、ハンズオン展示は学習の動機付けとしては大きな成果があるものと考えている(fig.15-2)。

15-1 Smoke billows at the Exploratorium

fig.15-2 Child petting a pygmy goat in the St. Louis Zoo, Missouri, United States.

Most museum exhibits can only be observed, not touched. Hands-on exhibits are exhibits that can be handled with your hands, and appeal to the sense of touch. They are expected to stimulate children's natural curiosity and behavior, which uses the five senses to grasp things, and motivate them to learn. In addition to exhibits that involve experiments, searching, turning pages, and opening pages, there are also experiential experiences such as holding small animals at the zoo, an exhibit where dinosaur bones are excavated, and an immersive experience in a recreated space, making them participatory exhibits. I myself wanted to become an archaeologist after going on a school trip to an archaeological excavation when I was in elementary school, and I believe that hands-on exhibits are very effective in motivating students to learn.

Большинство музейных экспонатов можно только смотреть, но не трогать. Экспонаты, которые можно трогать руками, и которые апеллируют к осязанию. Ожидается, что они будут стимулировать естественное любопытство и поведение детей, которое использует пять чувств для понимания вещей и мотивирует их к обучению. В дополнение к экспонатам, которые включают эксперименты, поис к, переворачивание страниц и открытие страниц, есть также экспериментальные впечатления, такие как удержание мелких животных в зоопарке, экспонат, где раскапываются кости динозавров, и захватывающий опыт в воссозданном пространстве, что делает их экспонатами участия. Я сам хотел стать археологом после того, как отправился на школьную экскурсию на археологические раскопки, когда я был в начальной школе, и я считаю, что экспонаты, которые можно трогать руками, очень эффективны для мотивации учеников к обучению.

fig.15-3 Interactive installation, WU JU Contemporary Art Center, China

デジタルテクノロジーの利用による双方向性とは違うが、ハンズオン展示はインタラクティブ展示でもある。ハンズオン展示のコンセプトは1960年代に海外の科学博物館や子供博物館で教育的なインタラクティブ展示が登場してからである。「学習は環境とインタラクションの結果、発現する」という発達心理の理論に基づいている。インタラクティブ性のあるハンズオン展示では利用者の自発的な選択やアクションに反応して展示物の状態が変化し、さらに利用者がそれに反応するといった状況が繰り返される。このように結果に至るまでの経験の質が重視される (fig.15-3)。

Although different from the interactivity achieved through the use of digital technology, hands-on exhibits are also interactive exhibits. The concept of hands-on exhibits dates back to the 1960s, when educational interactive exhibits first appeared in science museums and children's museums overseas. They are based on the theory of developmental psychology that "learning emerges as a result of interaction with the environment." In interactive hands-on exhibits, the state of the exhibits changes in response to the user's spontaneous choices and actions, and the user then responds to these changes, repeating this cycle. In this way, the quality of the experience leading up to the result is emphasized.

Хотя и отличаясь от интерактивности, достигаемой с помощью цифровых технологий, практические выставки также являются интерактивными экспонатами. Концепция практических выставок восходит к 1960-м годам, когда образовательные интерактивные выставки впервые появились в научных музеях и детских музеях за рубежом. Они основаны на теории психологии развития, согласно которой « обучение возникает в результате взаимодействия с окружающей средой ». В интерактивных практических выставках состояние экспонатов изменяется в от вет на спонтанный выбор и действия пользователя, а затем пользователь реагирует на эти изменения, повторяя этот цикл. Таким образом, подчеркивается качество опыта, приводящего к результату.

動物園で小動物を抱くというハンズオン展示は子供にとって大変有意義な体験である。ウサギのどこをどう触れば喜び、どこは嫌がられるのかなどを瞬時に理解することができる。また、動物との接触は子供の記憶に長く留まる。多くの場合、小動物への愛情が芽生えるきっかけとなる。ただし動物にとって人に接触されることは大きなストレスをうむ。動物のストレスを減らす工夫も忘れてはならない。

Hands-on exhibits at the zoo where children can hold small animals are a very meaningful experience for children. They can instantly understand how and where to touch a rabbit to make it happy and which parts it dislikes. Furthermore, contact with animals remains in children's memories for a long time. In many cases, this is the trigger for the development of affection for small animals. However, contact with humans is very stressful for animals. We must not forget to come up with ways to reduce stress for animals.

Интерактивные экспозиции в зоопарке, где дети могут держать в руках мелких животных, являются очень значимым опытом для детей. Они могут мгновенно понять, как и где трогать кролика, чтобы он был доволен, и какие части ему не нравятся. Более того, контакт с животными остается в памяти детей надолго. Во многих случаях это является толчком к развитию привязанности к мелким животным. Однако контакт с людьми является для животных очень стрессовым. Мы не должны забывать придумывать способы снижения стресса для животных.

ハンズオン展示では利用者への展示の接し方を観察して評価・改善することが欠かせない。また、ハンズオン展示はそれだけで成り立つ場合もあるが、プログラムや解説者や他の利用者との対話が学習効果を高めることが多い。解説者・解説文・支援者などのシステムとプログラムを構築することが大切である。

In a hands-on exhibit, it is essential to observe, evaluate, and improve the way the exhibit interacts with users. In addition, while a hands-on exhibit may be sufficient on its own, the learning effect is often enhanced by programs, guides, and dialogue with other users. It is important to build systems and programs for guides, explanatory texts, and supporters.

В практической экспозиции важно наблюдать, оценивать и улучшать то, как экспонат взаимодействует с пользователями. Кроме того, хотя практическая экспозиция может быть сама по себе достаточна, эффект обучения часто усиливается программами, руководствами и диалогом с другими пользователями. Важно создавать системы и программы для руководств, пояснительных текстов и сторонников.

また、ハンズオン展示は多くの利用者が利用することから、壊れやすい。壊れにくく、メンテナンスが容易なつくりにすることも重要である。最も大切なことは利用者の安全である。利用者が安心安全に利用できるものでなければならない。

In addition, because hands-on exhibits are used by many users, they are prone to breaking. It is important to make them durable and easy to maintain. The most important thing is the safety of the users. They must be able to be used safely and with peace of mind.

Кроме того, поскольку практические экспонаты используются многими пользователями, они могут сломаться. Важно сделать их прочными и простыми в обслуживании. Самое главное - это безопасность пользователей. Они должны быть безопасными и спокойными.

参考引用文献 References
松本知子　2022「4-14　ハンズオン展示〜触る・試す・発見する〜」『博物館の展示をつくる　展示論』日本展示学会
Hiroaki FURUSHO, 2024, "Lecture note Museology Overview" wasyuppan AMAZON

fig.15-1 Smoke billows at the Exploratorium
https://commons.wikimedia.org/wiki/File:Blowing_Smoke.jpg
fig.15-2 Child petting a pygmy goat in the St. Louis Zoo, Missouri, United States
https://commons.wikimedia.org/wiki/File:Little_kids.JPG
fig.15-3 Interactive installation , WU JU Contemporary Art Center, China
https://commons.wikimedia.org/wiki/File:Used_to_Be_My_Home_Too.jpg?uselang=ja

16. 展示グラフィック
Exhibition graphics
Выставочная графика

グラフィックはアートからデザインまで幅広い領域をもつ(fig.16-1)。博物館でも展示情報から印刷物、イメージ演出と幅広く利用されている。これらは一貫したアートディレクションのもとに総合的にコーディネートされることが望まれる。展示場では「展示資料としてのグラフィック」と「解説におけるグラフィック」の大きく二つにわけられる。

Graphics cover a wide range of areas, from art to design. In museums, they are widely used for a variety of purposes, from exhibition information to printed matter and image presentation. It is desirable for these to be comprehensively coordinated under a consistent art direction. In exhibition spaces, graphics are broadly divided into two categories: "graphics as exhibition materials" and "graphics in explanations."

Графика охватывает широкий спектр областей, от искусства до дизайна. В музеях она широко используется для различных целей, от выставочной информации до печатных материалов и презентации изображений. Желательно, чтобы они были всесторонне скоординированы под единым художественным руководством. В выставочных пространствах графика в целом делится на две категории: « графика как выставочные материалы » и « графика в пояснениях ».

fig.16-1 The Chap Book--Thanksgiving no.

展示資料としてのグラフィック
Graphics as exhibition materials
Графика как выставочные материалы

展示資料としてのグラフィックは、二次資料として加工された資料に含まれる。絵図や写真、図面・図表などの資料がそれにあたり、過去や未来の姿を可視化した復元図や想像図、状況を表すイラスト、地図や年表などがある。

これらは研究に基づいた情報をグラフィックとして表したもので、グラフィックの出来が閲覧者の理解度や訴求力に影響する。近年はコンピューターによる処理能力の向上と出

カメディアの進化が著しい。

Graphics as exhibition materials are included in materials that have been processed as secondary materials. These include drawings, photographs, blueprints, charts, and other materials, such as reconstructions and imagined drawings that visualize the past or future, illustrations that show situations, maps, and timelines.

These are research-based information presented as graphics, and the quality of the graphics affects the viewer's understanding and appeal. In recent years, there has been a remarkable improvement in computer processing power and evolution of output media.

Графика как выставочные материалы включается в материалы, которые были обработаны как вторичные материалы. К ним относятся чертежи, фотографии, чертежи, диаграммы и другие материалы, такие как реконструкции и воображаемые рисунки, которые визуализируют прошлое или будущее, иллюстрации, которые показывают ситуации, карты и временные шкалы.

Это основанная на исследованиях информация, представленная в виде графики, и качество графики влияет на понимание и привлекательность для зрителя. В последние годы наблюдается значительное улучшение вычислительной мощности компьютеров и эволюция выходных носителей.

解説におけるグラフィック

Graphics in explanation

Графика в объяснении

　展示にはテーマとメッセージがあり、資料を展示するだけでは学芸員の意図を伝えるのは難しい。利用者に展示の意図とメッセージを伝える手段の一つとして解説系グラフィックである。解説系のグラフィックで重要なのは情報とその伝え方である。情報を誰に、いつ、どこで、どのように伝えるかは工夫が必要である。特に年齢や知識レベルなど情報を受ける観覧者像によって大きく異なる。解説系グラフィックは専門的な知識だけではなく、ものの見方や捉え方も示唆している。これらが観覧者を触発し知的体験や新しい発見につながれば良い解説系グラフィックといえる (fig.16-2)。

解説系グラフィックはソフトとハードからなり、ソフトは、書体・文字数・サイズ・色彩などのビジュアル表現のフォーマットをつくることであり、ハードは情報を乗せる媒体で

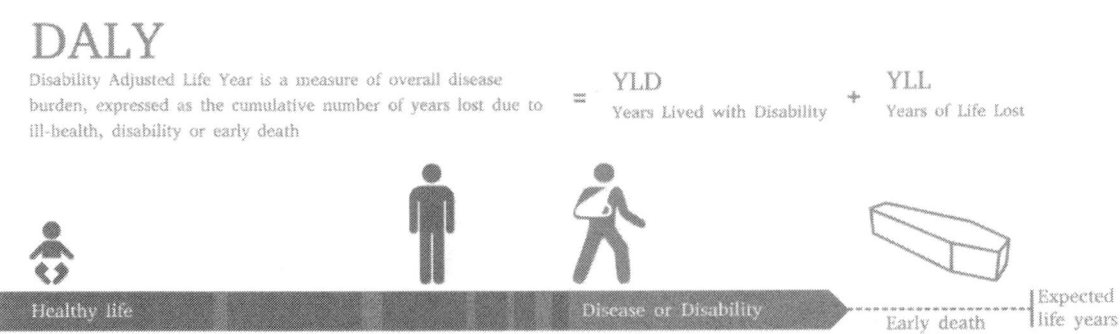

fig.16-2 Infographic for DALY Disability adjusted life year

あり、パネル・壁・スクリーンなどの形態とその素材を検討することである。

Exhibitions have a theme and a message, and it is difficult to convey the curator's intentions by simply displaying materials. Explanatory graphics are one way of conveying the intentions and messages of an exhibition to visitors. What is important in explanatory graphics is the information and how it is conveyed. It is necessary to think carefully about who, when, where, and how to convey the information. This varies greatly depending on the image of the viewer who will receive the information, especially their age and level of knowledge. Explanatory graphics suggest not only specialized knowledge, but also ways of looking at and understanding things. If these inspire the viewer and lead to intellectual experiences and new discoveries, they can be called good explanatory graphics.

Explanatory graphics consist of software and hardware. Software is creating the format of visual expression such as font, number of characters, size, and color, and hardware is the medium on which the information is carried, and considering the form and material of panels, walls, screens, etc.

Выставки имеют тему и сообщение, и трудно передать намерения куратора, просто демонстрируя материалы. Пояснительная графика — один из способов донести намерения и сообщения выставки до посетителей. В пояснительной графике важна информация и то, как она передается. Необходимо тщательно продумать, кто, когда, где и как передает информацию. Это сильно зависит от образа зрителя, который получит информацию, особенно от его возраста и уровня знаний. Пояснительная графика предполагает не только специальные знания, но и способы смотреть на вещи и понимать их. Если они вдохновляют зрителя и приводят к интеллектуальному опыту и новым открытиям, их можно назвать хорошей пояснительной графикой.

Пояснительная графика состоит из программного обеспечения и оборудования. Программное обеспечение создает формат визуального выражения, такой как шрифт, количество символов, размер и цвет, а оборудование — это носитель, на котором передается информация, и учитывает форму и материал панелей, стен, экранов и т. д.

参考引用文献 References

安藤敏博　2022「4-15　展示グラフィック〜展示資料・解説〜」『博物館の展示をつくる　展示論』日本展示学会

fig.16-1 The Chap Book--Thanksgiving no.
https://commons.wikimedia.org/wiki/File:The_chap_book.jpg
fig.16-2 Infographic for DALY Disability adjusted life year
https://commons.wikimedia.org/wiki/File:DALY_disability_affected_life_year_infographic.svg

17. 解説文
Explanatory text
Пояснительный текст

　展示の解説文は展示ストーリーに沿って「タイトル」「サブタイトル」「解説文」「キャプション」で構成されている。

「タイトル」はまず目に入る情報として重要である。来館者が一瞬にして興味を持ち、展示へ導かれるように工夫する(fig.17-1)。

「サブタイトル」はキャッチコピーであり、20字程度の中でメッセージやそれぞれのポイントを明確に伝える必要がある。タイトルとサブタイトルだけで来館者が展示ストーリーやテーマを理解できるようにしなければならない。

「解説文」は伝えたい主な内容を簡潔に文章としてまとめたもので、一般に文章は三行から五行ぐらいにおさえる(fig.17-3)。

「キャプション」はそれぞれの資料に配置され、資料がもつ価値を来館者に伝える役割を持つ。ラベル・ネームと呼ばれることもある(fig.17-4)。

Explanatory text for an exhibit is composed of a "title," "subtitle," "explanatory text," and "caption" that follow the exhibit story.

The "title" is important as it is the first piece of information that catches the visitor's eye. It should be designed to instantly pique the visitor's interest and draw them into the exhibit.

The "subtitle" is a catchy slogan, and needs to clearly convey the message and each point in about 20 characters.

fig.17-1 title, Special Exhibition　Ancient Mexico,Tokyo

fig.17-2 Exhibition Venue

Visitors should be able to understand the exhibit story and theme with just the title and subtitle.

The "explanatory text" is a concise summary of the main points you want to convey, and is generally kept to about three to five lines.

The "caption" is placed on each document and has the role of conveying the value of the document to visitors. It is sometimes called a label・name.

Пояснительный текст к экспонату состоит из « заголовка », « подзаголовка », « пояснительного текста » и « подписи », которые следуют за сюжетом экспоната.

Заголовок » очень важен, поскольку это первая информация, которая бросается в глаза после титулю. Он должен быть составлен таким образом, чтобы мгновенно заинтересовать посетителя и привлечь его к экспозиции.

Подзаголовок » - это запоминающийся слоган, который должен четко передавать суть и каждый пункт примерно в 20 символах. Посетители должны понимать историю и тему выставки только по названию и подзаголовку.

Пояснительный текст » - это краткое изложение основных моментов, которые вы хотите донести до посетителей, и обычно не должен превышать трех-пяти строк.

Подписи » размещается на каждом документе и призвана донести до посетителей ценность документа. Иногда ее называют ярлыком・названием.

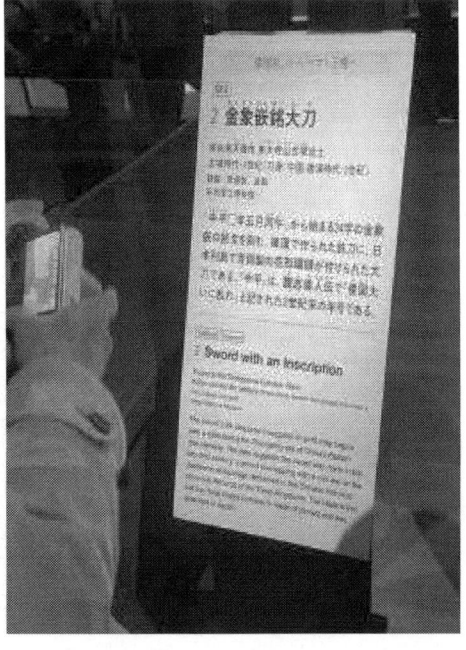

fig.17-3 explanatory text

fig.17-4 caption

展示空間の解説文は観覧者が立ったまま移動しながら見るもので、観覧者の興味と関心によって読まれる解説と読まれない解説が選択される(fig.17-2)。文字数はストレスなく読むことが出来る長さで提供されなければならない。また、ランダムな順番で読まれても内容を伝えられることが大切である。重要なのはターゲット層を確定することである。年齢・知識・理解力によって解説のレベルや文章を変える必要がある。

The explanatory texts in the exhibition space are viewed by visitors while standing and moving around, and which ones are read and which ones are not are selected based on the visitor's interests and concerns. The number of characters provided must be long enough to be read without stress. It is also important that the content can be conveyed even if it is read in a random order. It is important to determine the target audience. The level of explanation and the text must be changed depending on the age, knowledge, and comprehension of the visitor.

Пояснительные тексты в выставочном пространстве просматриваются посетителями стоя и двигаясь, и какие из них читать, а какие нет, выбираются на основе интересов и забот посетителя. Количество предоставленных символов должно быть достаточно большим, чтобы их можно было прочитать без напряжения. Также важно, чтобы содержание можно было передать, даже если его читать в случайном порядке. Важно определить целевую аудиторию. Уровень объяснения и текст должны меняться в зависимости от возраста, знаний и понимания посетителя.

解説文は読まれなければ全く意味をなさない。読んでもらうための工夫が必要となる。近年はマンガをつかった展示解説などが増えてきている。

If no one reads the explanatory text, it is meaningless. It is necessary to devise ways to get people to read it. In recent years, the number of exhibition explanations using manga has increased.

Если никто не читает пояснительный текст, он бессмыслен. Необходимо придумать способы заставить людей его прочитать. В последние годы количество выставочных объяснений с использованием манги возросло.

参考引用文献 References
渡邉創　2022「4-16　解説文〜展示空間での特殊性〜」『博物館の展示をつくる　展示論』日本展示学会

fig.17-1 title, Special Exhibition　Ancient Mexico,Tokyo
Photographed and edited by author
fig.17-2 Exhibition Venue
Photographed and edited by author
fig.17-3 explanatory text
Photographed and edited by author
fig.17-4 caption
Photographed and edited by author

18. サインシステム
Signage system
Система указателей

目的地への案内誘導などの表示に使われるのがサイン表示であり、総合的にデザインされたものをサインシステムという (fig.18-1)。

Signage is used to display directions to destinations, and a comprehensively designed signages is called a signage system.

Указатели используются для отображения направлений к пунктам назначения, а комплексно разработанные указатели называются системой указателей.

博物館のサインシステムは5つに分けられる。

1, 案内表示　全館案内や総合案内板、フロア案内など (fig.18-2)

2, 名称表示　エリア名称やここの展示資料の名称、レストランや売店、トイレなどの部屋の名称

3, 誘導表示　主に矢印を用いて方法を指示する表示

4, 説明表示　資料の説明や解説を示した表示

5, 規制表示　立ち入り禁止や禁煙などの規制を表示

fig.18-1 Signage system

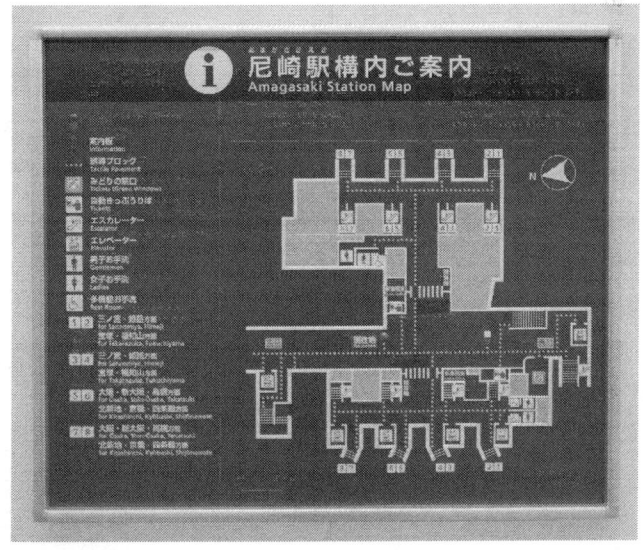

fig.18-2 Amagasaki station map, Japan

The museum's sign system is divided into five categories.

1. Guidance signs: general information boards, floor guides, etc.

2. Name signs: area names, names of exhibits, names of rooms such as restaurants, shops, and restrooms

3. Guidance signs: signs that mainly use arrows to show directions

4. Explanation signs: signs that explain or comment on materials

5. Restrictions: signs that show restrictions such as no entry or no smoking

Система знаков музея разделена на пять категорий.

1. Указательные знаки: общие информационные щиты, указатели этажей и т. д.

2. Указательные знаки: названия зон, названия экспонатов, названия помещений, таких как рестораны, магазины и туалеты

3. Указательные знаки: знаки, которые в основном используют стрелки для указания направлений

4. Пояснительные знаки: знаки, которые объясняют или комментируют материалы

5. Ограничения: знаки, которые показывают ограничения, такие как вход запрещен или курение запрещено

このような機能のサイン表示は、総合的に計画設計することが重要である。わかりやすく心地よい環境には適切なサイン表示が必要である。グローバル化する現代では外国語表記の他、点字表記なども増えてきた。ただ、表記する項目が多くなり、煩雑化していることから、新たな表示手段が求められている。

It is important to plan and design the signs for such functions comprehensively. Appropriate signs are necessary to create an easy-to-understand and comfortable environment. In today's globalized world, signs in foreign languages and braille signs are on the rise. However, as the number of items to be displayed increases and signs become more complicated, new means of display are required.

Важно всесторонне планировать и проектировать знаки для таких функций. Соответствующие знаки необходимы для создания простой для понимания и комфортной среды. В современном глобализованном мире знаки на иностранных языках и знаки Брайля становятся все более популярными. Однако, поскольку количество отображаемых элементов увеличивается, а знаки становятся более сложными, требуются новые средства отображения.

ピクトグラム

Pictograms

Пиктограммы

「絵文字」と訳されるピクトグラムは、オットー・ノイラートが1925年に開発したアイソタイプ（国際絵ことば）から発達したグラフィックシンボルである。サイン表示としてのピクトグラムは1964年の東京オリンピックが契機になったと言われている。

日本では、2000年に「標準案内図記号124項目」ができ、広く使われている (fig.18-3)。

ピクトグラムの特徴は文字や言葉を介さなくても人類であれば文化や社会の違いを超えて老若男女だれでも理解できることである。

fig.18-3 Pictograms, Otsu Service Area, Japan

Pictograms, which are translated as "pictograms," are graphic symbols that evolved from Isotypes (International Picture Language) developed by Otto Neurath in 1925. It is said that pictograms as sign displays were first introduced with the 1964 Tokyo Olympics.

In Japan, the "124 Standard Guide Symbols" were created in 2000 and are widely used.

The distinctive feature of pictograms is that they can be understood by any human being, regardless of age or gender, regardless of cultural or social differences, without the need for letters or words.

Пиктограммы, которые переводятся как « пиктограммы », представляют собой графические символы, которые произошли от изотипов (международного языка изображений), разработанного Отто Нейратом в 1925 году. Говорят, что пиктограммы как знаки впервые были представлены на Олимпийских играх в Токио в 1964 году.

В Японии «124 стандартных символа руководства » были созданы в 2000 году и широко используются.

Отличительной особенностью пиктограмм является то, что их может понять любой человек, независимо от возраста или пола, независимо от культурных или социальных различий, без необходимости в буквах или словах.

参考引用文献 References
木村浩　2022「4-17　サインシステム〜誘導表示・説明表示〜」『博物館の展示をつくる　展示論』日本展示学会

fig.18-1Signage system
https://commons.wikimedia.org/wiki/File:Shinkansen_Tokyo_Sta_Information_Board_20090212.jpg
fig.18-2 Amagasaki station map,Japan
https://commons.wikimedia.org/wiki/File:Amagasaki_sta_01.jpg?uselang=ja
fig.18-3 Pictograms,Otsu Service Area,Japan
https://commons.wikimedia.org/wiki/File:%E5%A4%A7%E6%B4%A5%E3%82%B5%E3%83%BC%E3%83%93%E3%82%B9%E3%82%A8%E3%83%AA%E3%82%A2P8107375.jpg?uselang=ja

19. ワークシート
Worksheets
Рабочие листы

博物館のワークシートは設問や呼びかけで展示資料に利用者を引きつけ、観察のヒントなどを与えることによって、展示のメッセージが利用者に理解されるように支援するものである(fig.19-1)。基本的には用紙に設問などを印刷したものであるが、文字や写真イラストなどを配置したりできる。型式も折りや切り抜き加工を施したり、ブックレット状のものもある。インターネットとディバイスの発達により、特定ディバイスやスマートフォン上で動画などを組み込んだインタラクティブなワークシートを開発することも可能である。

fig.19-1 worksheets

Museum worksheets attract visitors to the exhibits with questions and appeals, and help them understand the message of the exhibits by providing hints for observation. They are basically printed questions on paper, but text, photos, illustrations, etc. can also be placed on them. They can also be folded, cut out, or in booklet form. With the development of the Internet and devices, it is also possible to develop interactive worksheets that incorporate videos on specific devices or smartphones.

Музейные рабочие листы привлекают посетителей к экспонатам вопросами и призывами и помогают им понять послание экспонатов, предоставляя подсказки для наблюдения. По сути, это напечатанные на бумаге вопросы, но на них также можно размещать текст, фотографии, иллюстрации и т. д. Их также можно складывать, вырезать или делать в форме буклета. С развитием Интернета и устройств также стало возможным разрабатывать интерактивные рабочие листы, которые включают видео на определенных устройствах или смартфонах.

ワークシートは展示を変更せずに年齢・学習別など、それぞれ来館者のニーズに合わせた内容を編集し配布することが出来る。来館者の興味・思考に合わせたワークシートがあれば、来館者の自主的選択・学習・楽しみの幅も広がり、細やかな利用者対応も可能になる。ただし、メインはあくまで展示資料を鑑賞・観察してもらうことであり、説明が多すぎたり、設問が多すぎたりすることは避けるべきであろう。ワークシートやそれと引き換えになる何らかの品物や証明はミュージアムでの学びの証として来館者に達成感・満足感をもたらすものとなるだろう。博物館側はワークシートの消費状況、解答状況の統計化を行えば利用者の把握にもつながる。

Worksheets can be edited and distributed to suit the needs of each visitor, such as age or level of study, without changing the exhibit. Worksheets that match the interests and thinking of visitors will broaden the scope of independent choice, learning, and enjoyment for visitors, and will enable more detailed user support. However, the main purpose is to have visitors appreciate and observe the exhibited materials, so too many explanations and questions should be avoided. Worksheets and any goods or certificates that can be exchanged for them will bring visitors a sense of accomplishment and satisfaction as proof of their learning at the museum. The museum can also understand users by collecting statistics on worksheet consumption and answer status.

Рабочие листы можно редактировать и распространять в соответствии с потребностями каждого посетителя, такими как возраст или уровень обучения, не меняя экспозицию. Рабочие листы, которые соответствуют интересам и мышлению посетителей, расширят возможности самостоятельного выбора, обучения и удовольствия для посетителей, а также обеспечат более подробную поддержку пользователей. Однако главная цель состоит в том, чтобы посетители оценили и рассмотрели выставленные материалы, поэтому следует избегать слишком большого количества объяснений и вопросов. Рабочие листы и любые товары или сертификаты, которые можно обменять на них, принесут посетителям чувство выполненного долга и удовлетворения как доказательство их обучения в музее. Музей также может понять пользователей, собирая статистику по потреблению рабочих листов и статусу ответов.

ワークシートの質問内容には利用者の解釈や感受性を尊重し、正解がない質問と、×〇方式のように必ず正解がある質問とがある。正解がある質問は利用者が自己採点ができ、間違った部分の知識の修正や再認識などの学習効果が期待できる。

The questions on the worksheets respect the interpretation and sensitivity of the user, and include questions that have no correct answer and questions that are guaranteed to have a correct answer, such as a x/o format. Questions with correct answers allow the user to grade themselves, and are expected to have a learning effect, such as correcting or reaffirming incorrect knowledge.

Вопросы на рабочих листах учитывают интерпретацию и чувствительность пользователя и включают вопросы, на которые нет правильного ответа, и вопросы, на которые гарантированно дается правильный ответ, например, формат x/o. Вопросы с правильными ответами позволяют пользователю оценивать себя и, как ожидается, будут иметь обучающий эффект, например, исправление или подтверждение неверных знаний.

ワークシートは配布し、個人で完成させ、知識を増やすこともでただけでも学習効果はあるが、エンターテインメント性を高め、より興味や知識を増やすためには、即席のグループであっても、その共同作業によって解答を導き出す方が、より学習効果がある。さらに、専門の指導員やガイドによる楽しみ方や解説など正解の方向への導きがあれば、さらに効果は倍増するであろう。利用者の学びの状況を判断し、探求・創造へとつなげる手助けをするスタッフの存在は欠かせない。ワークシートは利用者の「ミュージアム学習のリテラシー」向上のためのツールである。また、参加者がミュージアムという一種の知的遊戯を伴う学習社会共同体の一員として参加するツールでもある。

Although there is a learning effect just by distributing worksheets and having people complete them individually to increase their knowledge, in order to increase the entertainment value and increase interest and knowledge, it is more effective to have people work together to arrive at the answer, even if it is an impromptu group. Furthermore, the effect will be doubled if a professional instructor or guide provides guidance in the direction of the correct answer, such as explaining how to enjoy the work. The presence of staff who can judge the learning situation of users and help them connect it to exploration and creation is essential. Worksheets are a tool for improving users' "museum learning literacy." They are also a tool for participants to participate as members of a learning social community that involves a kind of intellectual play called the museum.

Хотя существует эффект обучения просто путем распространения рабочих листов и индивидуального заполнения людьми для повышения их знаний, для того, чтобы увеличить развлекательную ценность и повысить интерес и знания, более эффективно, чтобы люди работали вместе, чтобы прийти к ответу, даже если это импровизированная группа. Более того, эффект будет удвоен, если профессиональный инструктор или гид предоставит руководство в направлении правильного ответа, например, объяснит, как наслаждаться работой. Наличие персонала, который может оценить учебную ситуацию пользователей и помочь им связать ее с исследованием и созданием, имеет важное значение. Рабочие листы являются инструментом для повышения « грамотности музейного обучения » пользователей. Они также являются инструментом для участников, чтобы участвовать в качестве членов обучающего социального сообщества, которое включает в себя своего рода интеллектуальную игру, называемую музеем.

参考引用文献 References
木下周一　2022「4-18　ワークシート」『博物館の展示をつくる　展示論』日本展示学会

fig.19-1 worksheets
https://commons.wikimedia.org/wiki/File:Bitvillach.jpg

20. ユニバーサルデザイン
Universal Design
Универсальный дизайн

博物館はあらゆる人に開かれている。このあらゆる人に開かれるための理論や方法の一つがユニバーサルデザインである。博物館は主に視覚にうったえる展示が多い。ユニバーサルデザインでは五感にうったえる展示が重視される (fig.20-1)。ハンズオン展示はその一例であり、「触れる展示」が増えてきている。触れる展示は破損のリスクを負っており、どうしても触ることが出来ない展示資料も少なくない。その場合、二次資料の活用が見込まれる。近年はバーチャルリアリティーによる触覚の復元も試みられている。

fig.20-1 Map for the blind, city of Münster (Germany)

Museums are open to everyone. Universal design is one of the theories and methods for opening up to everyone. Many museums have exhibits that appeal primarily to the visual sense. Universal design emphasizes exhibits that appeal to the five senses. Hands-on exhibits are one example, and "touchable exhibits" are on the rise. Touchable exhibits carry the risk of damage, and there are many exhibits that cannot be touched. In such cases, secondary materials are expected to be used. In recent years, attempts have been made to restore the sense of touch using virtual reality.

Музеи открыты для всех. Универсальный дизайн — одна из теорий и методов открытия для всех. Во многих музеях есть экспонаты, которые в первую очередь апеллируют к визуальному восприятию. Универсальный дизайн делает акцент на экспонатах, которые апеллируют к пяти чувствам. Одним из примеров являются интерактивные экспонаты, а «осязаемые экспонаты» набирают популярность. Осязаемые экспонаты несут в себе риск повреждения, и есть много экспонатов, к которым нельзя прикасаться.В этом случае предполагается использование вторичных источников. В последние годы были предприняты попытки восстановить осязание с помощью виртуальной

視覚や触覚だけではなく、人間には8種12分類される感覚がある。8種とは視覚・聴覚・味覚・嗅覚・皮膚感覚・運動感覚・平衡感覚・内臓感覚であり、さらに皮膚感覚を、触覚・温覚・冷覚・痛覚・圧覚に分けることにより12類となる。

熱帯の暑さや局地の寒さを温覚・冷覚を刺激することによってリアリティーを追求するのも、視覚や触覚に頼らない展示方法の一つである。

In addition to sight and touch, humans have eight types of senses, divided into 12 categories.

The eight types are sight, hearing, taste, smell, skin, movement, balance and visceral senses, and by further dividing the skin senses into touch, temperature, cold, pain and pressure, there are 12 categories.

fig.20-2　the entrance slope

One exhibition method that does not rely on sight or touch is to pursue reality by stimulating the warmth and cold senses with tropical heat or localized cold.

Помимо зрения и осязания, у людей есть восемь типов чувств, разделенных на 12 категорий.

Восемь типов — это зрение, слух, вкус, обоняние, кожа, движение, равновесие и внутренние чувства, а если еще раз разделить кожные чувства на осязание, температуру, холод, боль и давление, то получится 12 категорий.

Один из методов выставки, который не полагается на зрение или осязание, заключается в том, чтобы добиваться реальности, стимулируя чувства тепла и холода с помощью тропической жары или локализованного холода.

　車椅子の観覧者にとって、導線の幅や階段・各階へのアプローチに対する配慮が必要なことは言うまでもないが、エレベーターの位置が入り口スロープから遠かったりスロープの角度が急だったりと、車椅子での移動がスムーズに行えないような導線になっている場合も少なくない(fig.20-2)。また、車椅子の人が手が届く範囲は成人男性で63 ㎝、視線は119 ㎝であり、小学4年生程度のこどもであれば110 ㎝程度が視線の高さとなる。のぞきケースの展示では 80 ㎝いかにすることが望ましいといえる。もちろんターゲット層や展示資料によって望ましい視点の高さや角度があることも考慮に入れ、資料の性格にあわせて決定する必要がある。

It goes without saying that wheelchair users need to consider the width of the path and the approach to the stairs and each floor, but there are many cases where the path makes it difficult for wheelchair users to move around smoothly, such as when the elevator is located far from the entrance slope or the slope is steep. In addition, the reach of a wheelchair user is 63 cm for an adult male, and the line of sight is 119 cm, while the line of sight of a child of about 4th grade is about 110 cm. It is desirable to have a viewing case display at 80 cm or so. Of course, it is necessary to take into account that there are desirable viewing heights and angles depending on the target group and the exhibit materials, and to decide according to the characteristics of the materials.

Само собой разумеется, что пользователям инвалидных колясок необходимо учитывать ширину пути и подход к лестнице и каждому этажу, но есть много случаев, когда путь затрудняет плавное перемещение пользователей инвалидных колясок, например, когда лифт расположен далеко от входного склона или ск лон крутой. Кроме того, досягаемость пользователя инвалидной коляски составляет 63 см для взрослого мужчины, а линия обзора составляет 119 см, в то время как линия обзора ребенка примерно 4-го класса составляет около 110 см. Желательно иметь демонстрационный стенд на высоте 80 см или около того. Конечно, необходимо учитывать, что существуют желаемые высоты обзора и углы в зависимости от целевой группы и выставочных материалов, и принимать решение в соответствии с характеристиками материалов.

fig.20-3 Universal design traffic lights

色覚は意外と注意が払われていない分野である。色盲には、赤色に対して遺伝子異変を生じた第一色盲と緑色に対する遺伝子異変を生じた第二色盲、その他青感色の遺伝子異変の第三色盲や、全色盲などの方が存在する。したがって、色だけではなく形の違いで区別できるマーキングなどの工夫が必要である(fig.20-3)。

Colour vision is an area that has received surprisingly little attention. There are two types of colour blindness: first colour blindness with a genetic mutation for red and second colour blindness with a genetic mutation for green, and others such as third colour blindness with a genetic mutation for blue-sensitive colours and total colour blindness. Therefore, it is necessary to devise markings or other means to distinguish them not only by colour but also by shape.

Цветовое зрение - область, которой уделяется на удивление мало внимания. Существует два типа дальтонизма: первый дальтонизм с генетической мутацией на красный цвет и второй дальтонизм с генетической мутацией на зеленый цвет, а также другие, такие как третий дальтонизм с генетической мутацией на синечувствительные цвета и полный дальтонизм. Поэтому необходимо разработать маркировку или другие средства, позволяющие различать их не только по цвету, но и по форме.

外国語対応は近年充実しつつあるが、標識など、多くの言語を入れると、かえって繁雑になる。ピストグラムの利用や、ＯＲコードなどのコードや位置情報を読み込むスマートホンなどのディバイスの利用などが今後積極的に進められるであろう。

Although foreign language support has been improved in recent years, adding many languages to signs and other things can make things more complicated. In the future, the use of pistograms and devices such as smartphones that can read codes such as OR codes and location information will likely be actively promoted.

Хотя поддержка иностранных языков улучшилась в последние годы, добавление многих языков к знакам и другим вещам может усложнить ситуацию. В буду щем использование пистограмм и устройств, таких как смартфоны, которые могут считывать коды, такие как коды OR и информацию о местоположении, вероятно, будет активно продвигаться.

高齢者対策として、近年回想法が取り入れられるようになった。懐かしい思い出を回想することによって認知症予防につながり、生きる力を取り戻すというものである。民俗資料や博物館でのサークル活動が高齢者対策として活用されることもユニバーサルデザインの一つと言えよう。

In recent years, reminiscence therapy has been adopted as a measure for the elderly. Reminiscing on fond memories helps prevent dementia and helps people regain the will to live. The use of folklore resources and club activities at museums as a measure for the elderly can also be considered a form of universal design.

В последние годы терапия воспоминаниями была принята в качестве меры для пожилых людей. Воспоминания о приятных воспоминаниях помогают предотвратить слабоумие и помогают людям вновь обрести волю к жизни. Использование фольклорных ресурсов и клубных мероприятий в музеях в качестве меры для пожилых людей также можно считать формой универсального дизайна.

バリアには、物理的バリアと精神的バリアがあり、その両方をフリーにすることが重要となる。ユニバーサルデザインはこのバリアフリーを目指すものであるが、決して完璧なバリアフリーはあり得ない。子供や車椅子の人に合わせた展示物は、健常者の大人には低すぎるかもしれない（この場合、展示ケースの左右もしくは前後で床の高さを変えて、子供と車椅子用と健常者の大人用の床を作るなどの対策も考えられる）。ユニバーサルデザインとは「あらゆる人に開かれた博物館」を目指す一つの理論であり結論ではない。

There are physical barriers and mental barriers, and it is important to make both of them free. Universal design aims to achieve this barrier-free environment, but perfect barrier-free access is never possible. Exhibits designed for children or wheelchair users may be too low for able-bodied adults (in this case, measures can be considered such as changing the floor height on the left and right or front and back of the display case to create separate floors for children, wheelchair users, and able-bodied adults). Universal design is a theory that aims to create a "museum open to everyone," but it is not a conclusion.

Существуют физические и ментальные барьеры, и важно освободить и то, и другое. Универсальный дизайн направлен на достижение этой среды без барьеров, но идеальный безбарьерный доступ никогда невозможен. Экспонаты, предназначенные для детей или пользователей инвалидных колясок, могут быть слишком низкими для здоровых взрослых (в этом случае можно рассмотреть такие меры, как изменение высоты пола слева и справа или спереди и сзади витрины, чтобы создать отдельные этажи для детей, пользователей инвалидных колясок и здоровых взрослых). Универсальный дизайн — это теория, которая направлена на создание «музея, открытого для всех», но это не заключение.

参考引用文献 References
山本哲也　2022「6-4　展示とユニバーサルデザイン」『博物館の展示をつくる　展示論』日本展示学会
Hiroaki FURUSHO, 2024, "Lecture note Museology Overview" wasyuppan AMAZON

fig.20-1 Map for the blind, city of Münster（Germany）
https://commons.wikimedia.org/wiki/File:2007-10_reliefo_blinduloj_monastero.JPG
fig.20-2　the entrance slope
https://upload.wikimedia.org/wikipedia/commons/b/b5/Modelo4.jpg?uselang=ja
fig.20-3 Universal design traffic lights
https://upload.wikimedia.org/wikipedia/commons/9/95/Shikikakuijyo-shingoki.jpg

21. 博物館における情報機器
Information devices in museums
Информационные устройства в музеях

　博物館では従来からスライドプロジェクターやビデオ映像などの視聴覚機器が利用されてきたが、コンピューターの出現とともに情報機器に置き換わりつつある。情報機器は1980年代のニューメディア、1990年代のマルチメディア、2000年代のIT、通信が加わったICTへと変わってきた。視聴覚機器と情報機器の違いはアナログからデジタルになった事と双方向のインタラクティブな展示が可能となったことなどである。アナログからデジタルに変化し、インターネットが整備されたことによってデーターのハードディスクやクラウドへの保存が可能となり、ビデオオンデマンド（VOD）やデジタルアーカイブ、バーチャルミュージアムなど、博物館内外から、博物館のサービスにアクセスが可能となった。

　Museums have traditionally used audiovisual equipment such as slide projectors and video images, but with the advent of computers, these are being replaced by information devices. Information devices have changed from new media in the 1980s, to multimedia in the 1990s, to IT in the 2000s, and to ICT, which includes communications. The difference between audiovisual equipment and information devices is that they have gone from analog to digital and have made two-way interactive exhibits possible. With the change from analog to digital and the development of the Internet, it has become possible to store data on hard disks and in the cloud, and museum services such as video on demand (VOD), digital archives, and virtual museums can now be accessed from both inside and outside the museum.

　Традиционно музеи использовали аудиовизуальное оборудование, такое как проекторы слайдов и видеоизображения, но с появлением компьютеров их заменяют информационные устройства. Информационные устройства изменились с новых медиа в 1980-х годах на мультимедиа в 1990-х годах, на ИТ в 2000-х годах и на ИКТ, которые включают коммуникации. Разница между аудиовизуальным оборудованием и информационными устройствами заключается в том, что они перешли от аналогового к цифровому и сделали возможными двусторонние интерактивные выставки. С переходом от аналогового к цифровому и развитием Интернета стало возможным хранить данные на жестких дисках и в облаке, а такие музейные услуги, как видео по запросу (VOD), цифровые архивы и виртуальные музеи, теперь можно получить как изнутри, так и извне музея.

展示室内の情報機器
Information equipment in exhibition rooms
Информационное оборудование в выставочных залах

情報KIOSK端末

Information KIOSK terminals

Информационные терминалы КIOSK

情報 KIOSK 端末とは室内に設置されたタッチパネル式の情報端末で、各展示コーナーに配置される事が多い。多言語に対応しており、点字検索・解説・映像を視聴することができる(fig.21-1)。

Information KIOSK terminals are touch-panel information terminals installed indoors, and are often placed in each exhibition corner. They are multilingual and can be used to search in Braille, provide explanations, and watch videos.

Информационные терминалы KIOSK — это сенсорные информационные терминалы, устанавливаемые внутри помещений, и часто размещаемые в каждом выставочном углу. Они многоязычны и могут использоваться для поиска по Брайлю, предоставления пояснений и просмотра видео.

fig.21-1 Touchscreen information kiosks at Bangladesh Bank Taka Museum

fig.21-2 Louvre Audio tour for Korean

PDA（携帯情報端末）(fig.21-2)

PDA（Personal Digital Assistant）

КПК (персональный цифровой помощник)

PDA（携帯情報端末）は貸し出し型の端末で、音声ガイド、文字情報、画像情報も提供できる。展示室内の位置を赤外線やRFID（Radio Frequency Identification）タグなどで感知して、展示品や展示コーナーの解説が自動再生される場合もある。

PDAs (Personal Digital Assistants) are rental terminals that can provide audio guides, text information, and image information. They can also automatically play explanations of exhibits and exhibition corners by detecting their location within the exhibition room using infrared rays or RFID (Radio Frequency Identification) tags.

КПК (персональные цифровые помощники) — это арендные терминалы, которые могут предоставлять аудиогиды, текстовую информацию и информацию об изображениях. Они также могут автоматически воспроизводить пояснения к экс понатам и выставочным уголкам, определяя их местоположение в выставочном зале с помощью инфракрасных лучей или меток RFID (радиочастотной идентификации).

携帯型ゲーム機

Portable Game Consoles

Портативные игровые консоли

近年ではPDAの代わりにゲーム機を利用する博物館もある。PDAより安価で、子供たちは操作に慣れていることが普及の理由である。

In recent years, some museums have started using game consoles instead of PDAs. They are cheaper than PDAs and children are familiar with how to use them, which is why they have become so popular.

В последние годы некоторые музеи начали использовать игровые консоли вместо КПК. Они дешевле КПК, и дети знакомы с тем, как ими пользоваться, поэтому они стали такими популярными.

携帯型音楽プレーヤー

Portable music players

Портативные музыкальные плееры

来館者が日常使用しているデバイスに音声ガイドをダウンロードすることができる。

Visitors can download audio guides to the devices they use every day.

Посетители могут загружать аудиогиды на устройства, которыми они пользуются каждый день.

スマートフォン(fig.21-3)

Smartphones

Смартфоны

一般に普及しているスマートフォンにWi-Fiを利用してアプリや情報をダウンロードしたり、ローカルネットワーク（LAN）を構築してデーターを転送して利用できる。

Wi-Fi can be used to download apps and information onto commonly used smartphones, and local networks（LANs）can be created to transfer data.

Wi-Fi можно использовать для загрузки приложений и информации на обычные смартфоны, а для передачи данных можно создавать локальные сети (LAN).

fig.21-3 Application of theIntermediatheque

無線 LAN

Wireless LAN

Беспроводная локальная сеть

室内に無線 LAN のアクセスポイントを複数設置して、電波の強弱による位置測位システムを利用して、サーバーから情報を送ることが出来る。導線の変更やメンテナンスが容易になることと、来館者にあわせてインタラクティブに情報を提供するなどのサービスが可能になる。

By installing multiple wireless LAN access points in the room, information can be sent from the server using a positioning system that uses the strength of the radio waves. This makes it easier to change and maintain the wiring, and makes it possible to provide services such as interactively providing information tailored to the visitor.

Установив несколько точек доступа беспроводной локальной сети в комнате, можно отправлять информацию с сервера с помощью системы позиционирования, которая использует силу радиоволн. Это упрощает замену и обслуживание проводки и позволяет предоставлять такие услуги, как интерактивное предоставление информации, адаптированной для посетителя.

大型映像(fig.21-4)

Large-scale video

Видео большого масштаба

デジタル機器の進化により、大型画面にコンピューター CG などを映し出せるようになった。臨場感のある映像だけではなく、インタラクティブな映像展示も可能となった。

The evolution of digital devices has made it possible to project computer graphics and other images onto large screens. This has made it possible not only to create immersive video displays, but also to create interactive video displays.

Эволюция цифровых устройств сделала возможным проецирование компьютерной графики и других изображений на большие экраны. Это позволило не только создавать иммерсивные видеодисплеи, но и создавать интерактивные видеодисплеи.

fig.21-4 Floating Flower Garden

ミクストリアリティ技術
(fig.21-5)
Mixed reality technology
Технология смешанной реальности

　ミクストリアリティ（MR：複合現実感）とはそこにないものがあたかも目の前にあるように見える技術である。そこにないものとは3DCGで製作された映像である。ゴーグルやスマートフォンなどのデバイスを使って見学者の向きや頭の角度を計測して画像を生成するために、360°の画像表示が可能となる。展示資料の裏に回り込んで裏側のCGを見ることも出来る。

fig.21-5 Mixed reality

　Mixed reality（MR: Mixed reality）is a technology that makes things that are not there appear as if they are right in front of you. What is not there is an image created with 3DCG. It is possible to display 360° images by measuring the direction of the visitor and the angle of their head using devices such as goggles or a smartphone to generate images. You can also go around to the back of the exhibits to see the CG behind them.

　Смешанная реальность (MR: Mixed reality) — это технология, которая заставляет вещи, которых нет, казаться, что они находятся прямо перед вами. То, чего нет, — это изображение, созданное с помощью 3DCG. Можно отображать изображения на 360°, измеряя направление посетителя и угол наклона его головы, используя такие устройства, как очки или смартфон, для создания изображений. Вы также можете обойти экспонаты сзади, чтобы увидеть компьютерную графику позади них.

参考引用文献 References
近藤智嗣　2022「5-6　博物館における情報機器の活用」『博物館の展示をつくる　展示論』日本展示学会
伏見清香　2022「5-7　携帯情報端末による鑑賞支援」『博物館の展示をつくる　展示論』日本展示学会

fig.20-1 Touchscreen information kiosks at Bangladesh Bank Taka Museum
https://upload.wikimedia.org/wikipedia/commons/0/0c/Touchscreen_information_kiosks.jpg?uselang=ja
fig.21-2 Louvre Audio tour for Korean
https://upload.wikimedia.org/wikipedia/commons/5/56/Louvre_Audio_tour_for_Korean.jpg
fig.21-3 Application of theIntermediatheque
Photographed and edited by author
fig.21-4 Floating Flower Garden
https://commons.wikimedia.org/wiki/File:Floating_Flower_Garden-_%E8%8A%B1%E3%81%A8%E6%88%91%E3%81%A8%E5%90%8C%E6%A0%B9%E3%80%81%E5%BA%AD%E3%81%A8%E6%88%91%E3%81%A8%E4%B8%80%E4%BD%93.jpg
fig.21-5 Mixed reality
https://commons.wikimedia.org/wiki/Category:Augmented_reality?uselang=ja#/media/File:Entrenamiento-industrial-Fyware.jpg

22. インターネットを使った博物館外向けのサービス
Internet-based services for people outside the museum
Интернет-услуги для людей за пределами музея

デジタルアーカイブ
Digital archives
Цифровые архивы

　博物館は資料の写真や映像、音声などをデジタル化して資料として整理保存している。これをデジタルアーカイブとして公開している。コンピューターやインターネットの技術革新により、高解像度のデーターが公開できるようになり、研究用途にも利用可能となってきた(fig.22-1)。

　Museums digitize and store photos, videos, audio, and other materials. These are made available to the public as digital archives. Technological innovations in computers and the Internet have made it possible to make high-resolution data available to the public, and it has become possible to use it for research purposes.

　Музеи оцифровывают и хранят фотографии, видео, аудио и другие материалы. Они предоставляются общественности в виде цифровых архивов. Технологические инновации в компьютерах и Интернете сделали возможным предоставление общественности данных высокого разрешения, и стало возможным использовать их в исследовательских целях.

情報 KIOSK 端末
Information KIOSK terminal
Терминал Information KIOSK

　情報 KIOSK 端末の情報を公開することも行われるようになった。事前や事後の視聴により、展示資料の学習や鑑賞に効果が期待できる。

　Data information from information KIOSK terminals is now also made public. Viewing

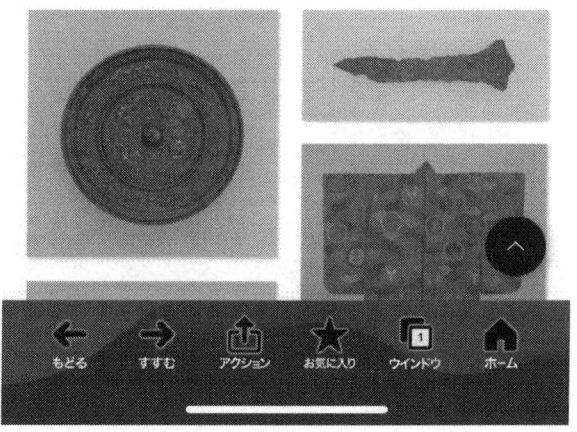

fig.22-1 ColBase

before or after the event is expected to be effective in learning about and appreciating the exhibits.

Информация о данных с терминалов Information KIOSK теперь также доступна для общественности. Ожидается, что просмотр до или после мероприятия будет эффективным для изучения и оценки экспонатов.

メタバース内のバーチャルミュージアム (fig.22-2)
Virtual museums in the metaverse
Виртуальные музеи в метавселенной

メタバースと呼ばれるオンライン上のバーチャルコミュニティにバーチャルミュージアムを設置することも行われている。アバターなどを使って博物館の展示をバーチャル空間で鑑賞・観覧出来るだけではなく、講演やイベントに参加したり、博物館職員や参加者同士でコミュニケーションをとることも可能である。この空間ではハンディーキャップなどのバリアーはなく、全ての参加者が思いのままに動き回り、コミュニケーションをとり、学習し楽しむことが出来る。

Virtual museums are also being set up in online virtual communities called metaverses. Not only can people use avatars to view museum exhibits in a virtual space, but they can also participate in lectures and events, and communicate with museum staff and other participants. In this space, there are no barriers such as handicaps, and all participants can move around freely, communicate, learn, and enjoy themselves.

Виртуальные музеи также создаются в виртуальных онлайн-сообществах, называемых метавселенными. Люди могут не только использовать аватары для просмотра музейных экспонатов в виртуальном пространстве, но и участвовать в лекциях и мероприятиях, общаться с сотрудниками музея и другими участниками. В этом пространстве нет никаких барьеров, таких как инвалидность, и все участники могут свободно перемещаться, общаться, учиться и получать удовольствие.

館内・館外の情報機器はコンピューターやインターネットの出現によって大きく変化し、現在はバーチャルリアリティーやメタバースの世界が広がっている。技術の進化により今後もこのような新しい地平・新しい世界が切り開かれて行くことになるが、博物館展示の根本は実物資料の展示と学習にある。今後、情報機材は実物資料の解説や学習を補助するという方向と、バーチャル世界での博物館展示をさらに充実するという方向の2つの方向に進むように思える。この2つの方向の棲み分けと融合、そして、両者の相乗効果による学習効果のさらなる向上をどのようにコーディネートしていくかということが問題となるであろう。

fig.22-2 Inside the senate in ROMA, a virtual ancient Rome in Second Life.

ただし、両者とも対象である博物館利用者にとってのメリットを追求するという点では同じ方向を向いていることを忘れてはならない。

Information devices inside and outside museums have changed dramatically with the advent of computers and the Internet, and the world of virtual reality and the metaverse is now expanding. Although new horizons and new worlds like these will continue to open up as technology evolves, the basis of museum exhibitions is the display and learning of real materials. In the future, information devices seem to move in two directions: the direction of assisting in the explanation and learning of real materials, and the direction of further enhancing museum exhibitions in the virtual world. The issue will be how to separate and integrate these two directions, and how to coordinate further improvement of learning effects through the synergistic effect of the two. However, it should not be forgotten that both are heading in the same direction in that they pursue benefits for the target museum users.

Информационные устройства внутри и снаружи музеев кардинально изменились с появлением компьютеров и Интернета, а мир виртуальной реальности и метавселенная теперь расширяются. Хотя новые горизонты и новые миры, подобные этим, будут продолжать открываться по мере развития технологий, основой музейных экспозиций является демонстрация и изучение реальных материалов. В будущем информационные устройства, по-видимому, будут двигаться в двух направлениях: в направлении помощи в объяснении и изучении реальных материалов и в направлении дальнейшего улучшения музейных экспозиций в виртуальном мире. Вопрос будет в том, как разделить и интегрировать эти два направления и как координировать дальнейшее улучшение эффектов обучения посредством синергетического эффекта двух. Однако не следует забывать, что оба движутся в одном направлении, поскольку они преследуют выгоды для целевых посетителей музея.

参考引用文献 References
近藤智嗣　2022「5-6　博物館における情報機器の活用」『博物館の展示をつくる　展示論』日本展示学会

fig.22-1ColBase
https://colbase.nich.go.jp/?locale=en
fig.22-2 Inside the senate in ROMA, a virtual ancient Rome in Second Life.
https://upload.wikimedia.org/wikipedia/commons/b/bf/In_the_senate_in_ROMA%2C_Second_Life.png?uselang=ja

展示の評価
Exhibition evaluation
Оценка выставки

展示評価は展示からのメッセージを来館者がどのように受け止めたか、展示から何を得ているのかなど「展示の効果」を調査し、評価することである。

Exhibition evaluation involves investigating and evaluating the "effects of the exhibition," such as how visitors received the message from the exhibition and what they gained from it.

Оценка выставки включает в себя исследование и оценку « эффектов выставки », например, того, как посетители получили сообщение от выставки и что они от нее получили.

とかく展示からのメッセージ伝達は、博物館側の独りよがりになりがちであるが、利用者の反応を調査し、利用者の視点からの展示を評価を分析することによって、博物館展示のさらなる改善を行い、利用者の博物館体験をよりよいものにすることが目標である。

While the message conveyed through exhibits tends to be self-centered on the part of the museum, the goal is to further improve museum exhibits and enhance users' museum experience by investigating user reactions and analyzing the evaluation of exhibits from their perspective.

Хотя сообщение, передаваемое посредством экспонатов, как правило, эгоцентрично со стороны музея, цель состоит в том, чтобы и дальше совершенствовать музейные экспозиции и расширять возможности посетителей музея путем изучения реакции пользователей и анализа оценки экспонатов с их точки зрения.

展示評価を行う前に、博物館の展示を通じて何を伝えたいのかを明確にしておくことが重要である。利用者の学習面・情緒面でのベネフィットを文章で明確にしておくことが展示評価の成功・不成功を決定する。展示の目標（goal）・ねらい（objective）・利用者に持って帰ってほしいメッセージ（take-home message）を文章化しておく。

Before carrying out an exhibition evaluation, it is important to be clear about what the museum wants to communicate through its exhibitions. Clarifying the learning and emotional benefits for users in writing will determine the success or failure of the evaluation of the exhibition. The goal, objective and take-home message of the exhibition should be clearly stated in writing.

Перед проведением оценки выставки важно четко понимать, что музей хочет сообщить посредством своих выставок. Письменное разъяснение учебных и эмоциональных преимуществ для пользователей определит успех или неудачу оценки выставки. Цель, задача и выводимое сообщение выставки должны быть четко изложены в письменном виде.

展示評価の類型
Types of exhibit evaluation
Типы оценки экспонатов

展示評価は展示開発のプロセスに沿って整理されている。
事前評価（front-end evaluation）企画段階に利用者の一般的理解や問題意識を確認する

形成的評価（formative evaluation）展示の製作途中、試作品などでどこを直せば良いか調べる。
総括的評価(summative evalution)完成後に現場での展示の効果を確認する。
批評的評価(critical appraisal)専門家による指摘を受ける。
修正的評価（remedial evaluation）修正を目的とした評価をうける。

Exhibit evaluations are organized according to the process of exhibit development.
Front-end evaluation: Confirming users' general understanding and awareness of issues at the planning stage.
Formative evaluation: Checking what needs to be fixed using prototypes while the exhibit is in production.
Summative evaluation: Checking the effectiveness of the exhibit on-site after it is completed.
Critical appraisal: Receiving feedback from experts.
Remedial evaluation: Receiving evaluation with the aim of making corrections.

Оценки экспонатов организованы в соответствии с процессом разработки экспоната.
Предварительная оценка: подтверждение общего понимания и осведомленности пользователей о проблемах на этапе планирования.
Формативная оценка: проверка того, что необходимо исправить, с использованием прототипов во время производства экспоната.
Обобщающая оценка: проверка эффективности экспоната на месте после его завершения.
Критическая оценка: получение отзывов от экспертов.
Корректирующая оценка: получение оценки с целью внесения исправлений.

展示評価の観点

Points of view for exhibit evaluation

Точки зрения оценки выставки

　評価の内容としては、Borunが提唱する5つの力がある。
1，惹きつける力（attracting power）・・・誰が来るか
2，保持する力（holding power）・・・どのくらいの時間留まるか
3，手順の力（procedual power）・・・それが使えるか
4，教育的な力（instructional power）・・・何を学ぶか
5，感情の力（affective power）・・・それを気に入るか

There are five powers proposed by Borun for the content of evaluation.
1. Attracting power: Who will come?
2. Holding power: How long will they stay?
3. Procedural power: Can you use it?
4. Instructional power: What will you learn?
5. Affective power: Do you like it?

Борун предложил пять сил для содержания оценки.

1. Сила привлечения: Кто придет?
2. Сила удержания: Как долго они останутся?
3. Процедурная сила: Можете ли вы ее использовать?
4. Обучающая сила: Чему вы научитесь?
5. Аффективная сила: Вам это нравится?

調査の方法

Survey methods

Методы опроса

調査の方法は「観察法」「面接法」「質問用紙法」がある。

There are three survey methods: observation, interview, and questionnaire.

Существует три метода опроса: наблюдение, интервью и анкетирование.

観察法は利用者の観覧行動・滞留時間・展示の使い方・発話・同行者との関わり方などを観察して調査する方法である。利用者の自然な状況下での観覧行動をとらえることができるが、利用者の行動は複雑であり多くの項目を調査することは難しい。事前に調査する内容や利用者の状況を確認し、準備して、体制を整えて調査する必要がある。あらかじめ起こりそうな行動を設定して、その頻度を記録する行動目録法や、利用中の行動を全て記録する行動描写法、あらかじめ設定した評定尺度によって観察すべき行動を確認する評定尺度法などが用いられる。

The observation method is a method of investigating by observing users' viewing behavior, time spent at the exhibit, how they use the exhibits, their speech, and how they interact with accompanying persons. It is possible to capture users' viewing behavior under natural circumstances, but user behavior is complex and investigating many items is difficult. It is necessary to confirm the content of the investigation and the user's situation in advance, and make preparations and organize the investigation. Methods that can be used include the behavior inventory method, which sets out likely behaviors in advance and records their frequency, the behavior description method, which records all behaviors during use, and the rating scale method, which confirms behaviors to be observed using a preset rating scale.

Метод наблюдения — это метод исследования путем наблюдения за поведением пользователей при просмотре, временем, проведенным на выставке, тем, как они используют экспонаты, их речью и тем, как они взаимодействуют с сопровождающими лицами. Можно зафиксировать поведение пользователей при просмотре в естественных условиях, но поведение пользователя сложное, и исследование многих элементов затруднительно. Необходимо заранее подтвердить содержание исследования и ситуацию пользователя, а также подготовиться и организовать расследование. Методы, которые можно использовать, включают метод инвентаризации поведения, который заранее устанавливает вероятное поведение и регистрирует его частоту, метод описания поведения, который регистрирует все поведение во время использования, и метод шкалы оценок, который п одтверждает поведение, которое должно наблюдаться, с помощью предварительно заданной шкалы оценок.

面接法は利用者と対面して話をしながら調査する方法で、利用者の生の声を聞き出すことができる。話しやすい環境を整えることによって、より深く率直な意見を聞き出すことができる。複数の利用者によるディスカッションも有効である。

The interview method is a survey method in which you talk to users face to face, and you can hear their real opinions. By creating an environment where users can talk easily, you can get deeper and more frank opinions. Discussions with multiple users are also effective.

Метод интервью — это метод опроса, при котором вы разговариваете с пользователями лицом к лицу и можете услышать их реальные мнения. Создавая среду, в которой пользователи могут свободно говорить, вы можете получить более глубокие и откровенные мнения. Обсуждения с несколькими пользователями также эффективны.

質問用紙法はあらかじめ紙面や携帯電話アプリなどに用意したアンケートに回答してもらう方法で、短時間に多くのデータを収集することができる。質問内容を吟味することにが重要となる。

The questionnaire method involves having people answer questionnaires prepared in advance on paper or in a mobile phone app, allowing you to collect a lot of data in a short amount of time. It is important to carefully consider the content of the questions.

Метод анкетирования предполагает, что люди отвечают на вопросы анкет, подготовленных заранее на бумаге или в мобильном приложении, что позволяет собрать большой объем данных за короткий промежуток времени. Важно тщательно продумать содержание вопросов.

調査はまず何のために調査するのかを明確にして行う必要がある。また、利用直後だけではなく、ある一定期間経過した後の追跡調査も利用者がその後、日常生活の中で展示をどのようにとらえているかを知る上で重要な調査となる。

It is necessary to first clarify the purpose of the survey. Also, follow-up surveys after a certain period of time, rather than just immediately after use, are important in order to understand how users perceive the exhibits in their daily lives.

Необходимо сначала прояснить цель опроса. Также важны повторные опросы через определенный промежуток времени, а не только сразу после использования, чтобы понять, как пользователи воспринимают экспонаты в своей повседневной жизни.

調査は博物館を客観的に見るきっかけとなり、博物館と利用者の関係を見つめ直す一つの機会である。

The survey provides an opportunity to look at the museum objectively and reconsider the relationship between the museum and its users.

Опрос дает возможность объективно взглянуть на музей и переосмыслить отношения между музеем и его пользователями.

参考引用文献 References
吉冨友恭　2022「6-5　展示評価」『博物館の展示をつくる　展示論』日本展示学会
Bron.M.and Korn R, 1999 "Introduction to Museum Evaluation American Association of Museums"
Hiroaki FURUSHO, 2024, "Lecture note Museology Overview" wasyuppan AMAZON

おわりに
Conclusion
Заключение.

　テクノロジーの進歩により地球は狭くなった。それに伴い経済問題や社会問題、環境問題などの国際化が起こっている。私たちはもはや自分たちの文化の中に閉じこもって生活を全うすることはできなくなってしまった。私たちの社会や生活は、異なった文化をもつ人々とのコミュニケーションと相互理解がなければ成り立たない。

　私たちはどのような環境と歴史のもとにどのような文化を持って育ったのか。そして、異なった文化をもつ人々は、どのような環境でどのような歴史のもとに生まれ育ったのか。お互い理解し合うためには何が必要なのか。そのことを知り、新しい世界や文化を創造するために、博物館の重要性はますます高まっている。

　博物館展示は、我々と異なった世界の人々との、お互いの歴史や文化そして自然環境を紹介する場である。展示によって相互理解を深め、お互いのコミュニケーションが円滑にできるように手助けする。

　また、博物館の展示は、国際化した現代社会の問題を世界の人々とともに解決するための端緒でもある。使い古されたことばだが「われわれは宇宙船地球号の乗組員[1]」である事を今一度確認するための場所なのかもしれない。

　さらに、博物館は現代社会みならず未来に貢献する機関である。美術や新しいテクノロジーを紹介することによって人々に感動をあたえ、新しい歴史・文化・社会の想像・創造へと導く、博物館展示はその入り口でもある。

　他の人や資料に迷惑をかけない限り、博物館の利用方法にルールはない。利用者一人ひとりが自ら自由に決めて良い。博物館を利用して、自由に楽しみ、それぞれの未来を創造して行かれることを望む。

2025 年 5 月 18 日

筆者

Due to technological advances, our world has become smaller. This has led to the internationalization of economic, social, and environmental issues. We can no longer live confined to our own culture. Our society and life cannot exist without communication and mutual understanding with people of different cultures.

What kind of culture and environment did we grow up in? And what kind of environment and history were people with different cultures born and raised in? What is needed to understand each other? The importance of museums to know these things and create new worlds and cultures is increasing.

Museum exhibitions are a place to introduce each other's history, culture, and natural environment. Museums deepen mutual understanding through exhibitions and help people to communicate with each other smoothly.

Museum exhibitions are also the starting point for solving the problems of modern globalized society together with people from around the world. Museum exhibitions may be a place to confirm once again that, to use the overused phrase, "we are crew members of Spaceship Earth.[1]"

Furthermore, museums are institutions that contribute not only to modern society but also to the future. By introducing art and new technology, museums inspire people and lead them to imagine and create new history, culture, and society. Museum exhibits are also the gateway to this.

There are no rules on how museums can be used, as long as it does not cause trouble for other people or the museum materials. Each visitor is free to decide for themselves. It is my hope that people will use the museum freely, enjoy it as they like, and use it to create their own futures.

May 18, 2025

Author

 Развитие технологий привело к тому, что наша планета стала меньше. Это привело к интернационализации экономических, социальных и экологических проблем. Мы больше не можем жить в рамках своей собственной культуры. Наше общество и наша жизнь не могут существовать без общения и взаимопонимания с представителями разных культур.
 В какой среде и с какой историей мы выросли и какая у нас культура? А в какой среде и с какой историей родились и воспитывались люди разных культур? Что нам нужно, чтобы понять друг друга? Музеи становятся все более важными для того, чтобы узнать эти вещи и создать новые миры и культуры.
 Музейные экспозиции - это места, где мы можем представить друг другу нашу историю, культуру и природную среду. Музеи помогают улучшить взаимопонимание и облегчают взаимное общение с помощью выставок.
 Музейные выставки также дают возможность работать вместе с людьми со всего мира над решением проблем современного интернационализированного общества. Музейные выставки могут стать местом, где можно подтвердить, как часто говорят, что « все мы - члены экипажа космического корабля „Земля"[1]».
 Кроме того, музеи - это учреждения, которые вносят вклад не только в современное общество, но и в будущее. Знакомя с искусством и новыми технологиями, музеи вдохновляют людей и побуждают их воображать и создавать новую

историю, культуру и общество. Музейные выставки - это путь к этому.

В музее нет правил пользования, если вы не мешаете другим людям или материалам. Каждый посетитель волен решать сам. Я надеюсь, что люди будут пользоваться музеем свободно, наслаждаться им по своему усмотрению и использовать его для создания своего собственного будущего.

18 мая 2025 г.

Автор

(1) Fuller, Buckminster (1963). Operating Manual for Spaceship Earth. New York: E.P. Dutton & Co. ISBN 0-525-47433-1.

Printed in Dunstable, United Kingdom